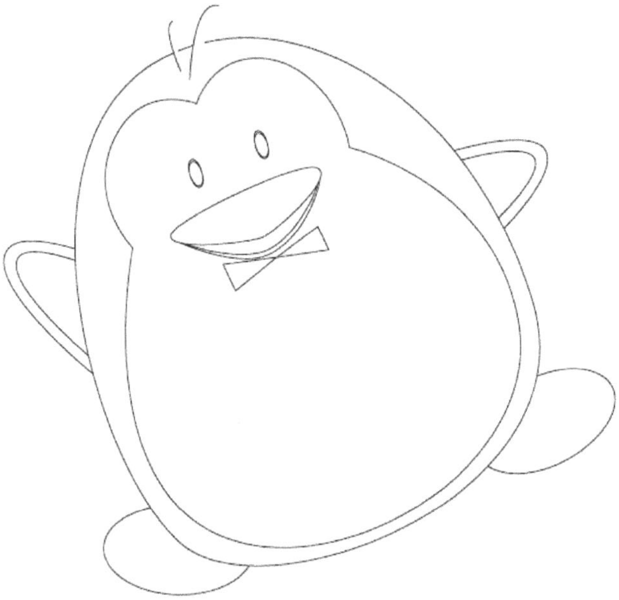

This Book Belongs to:

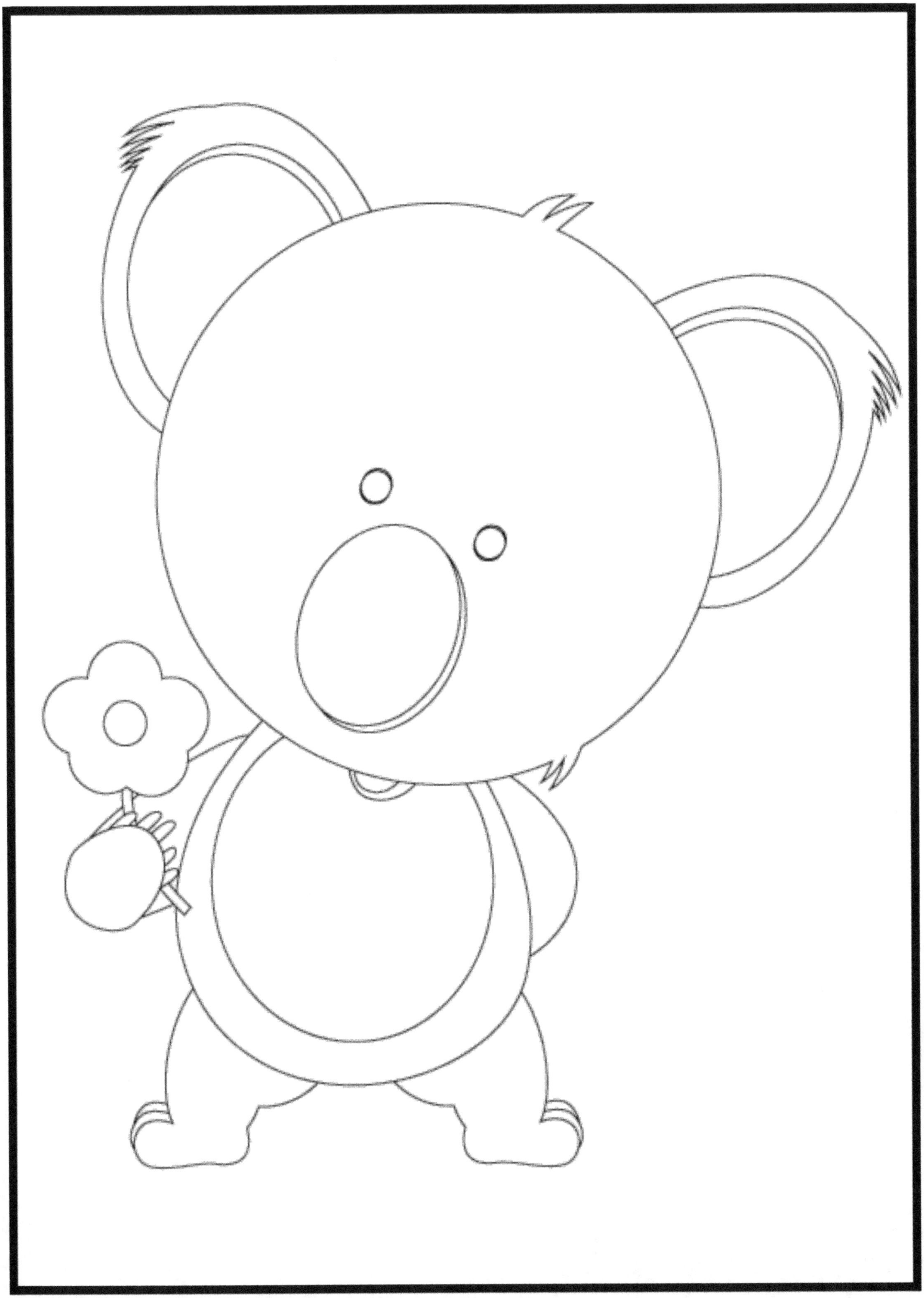

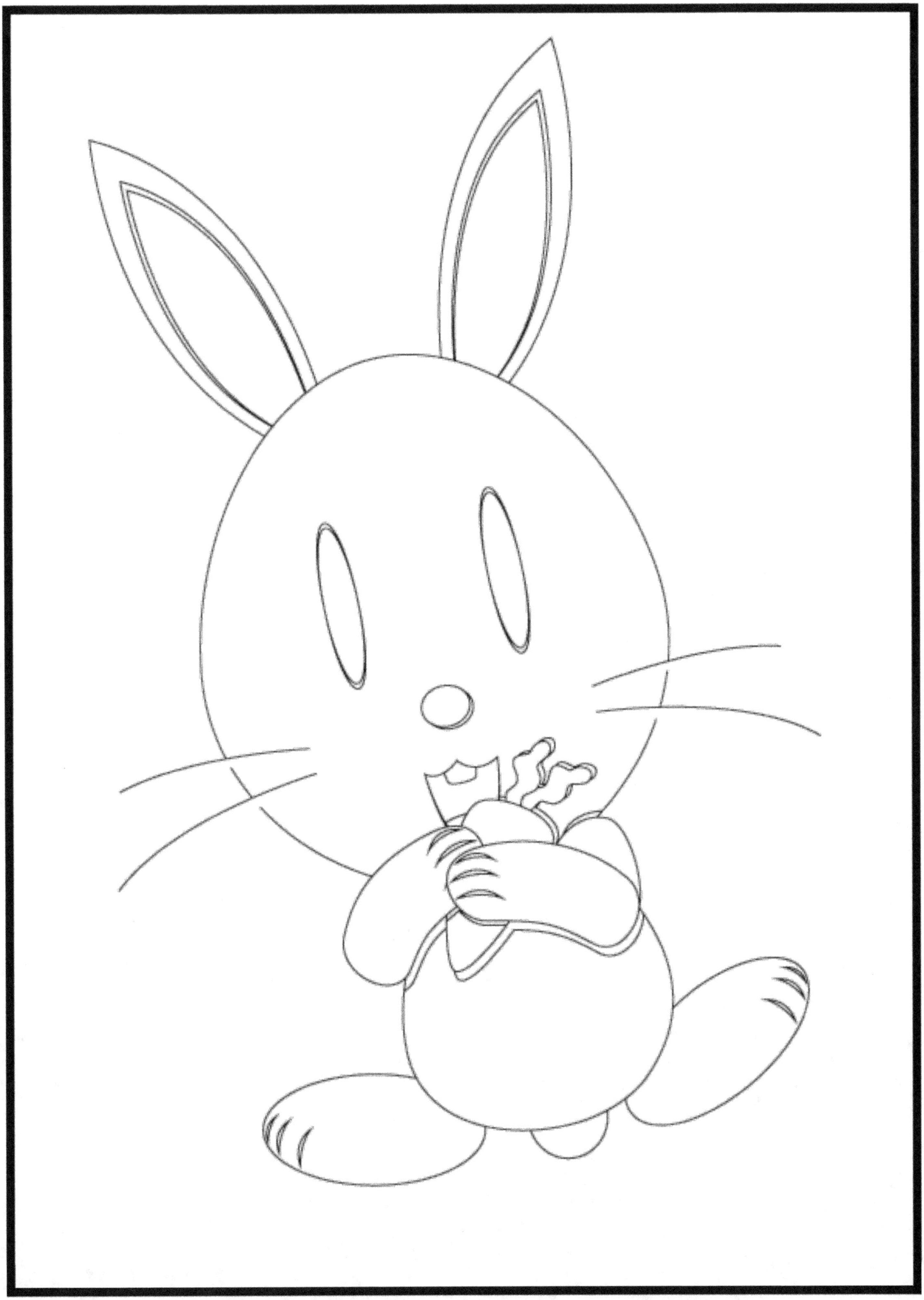

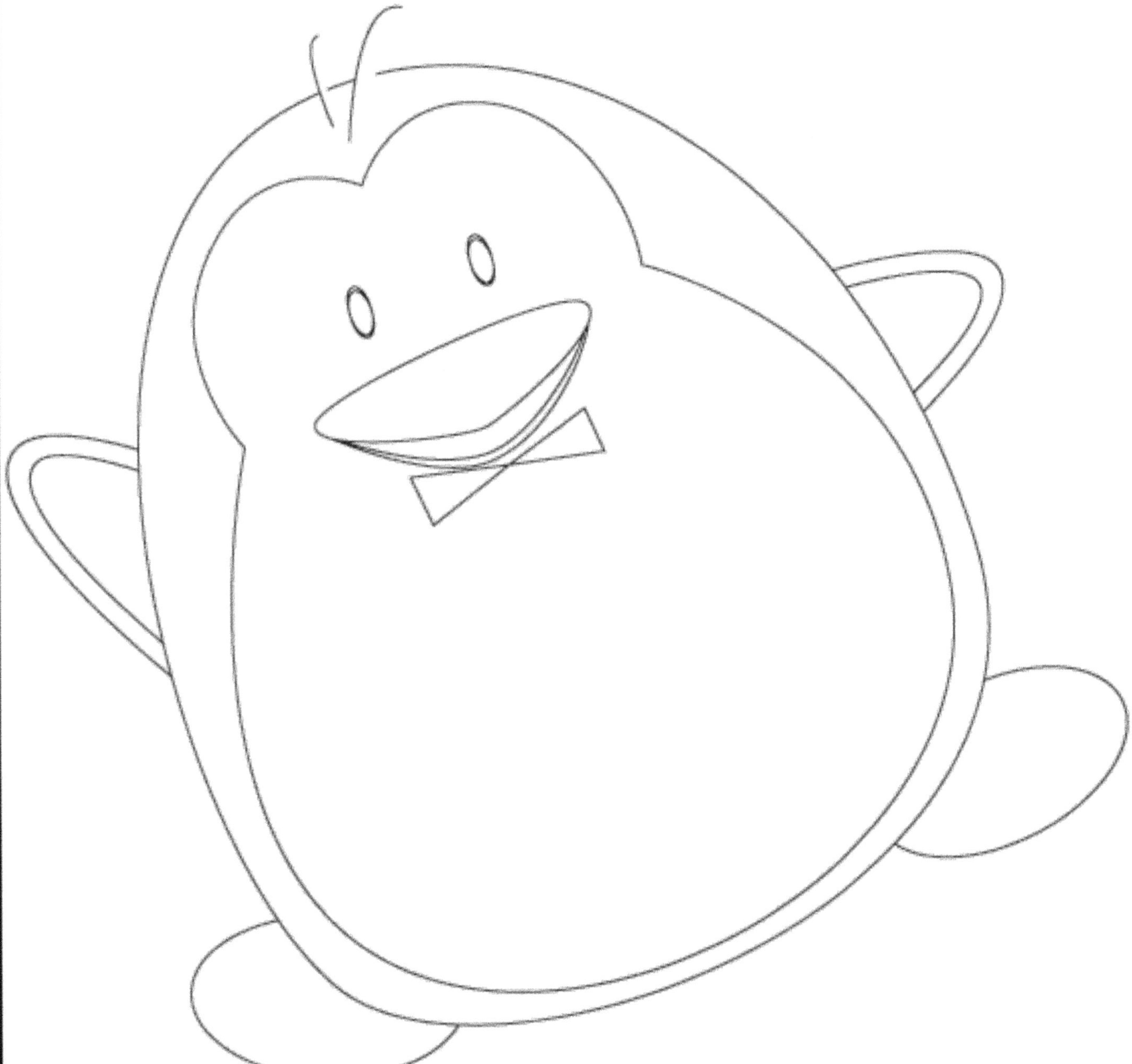

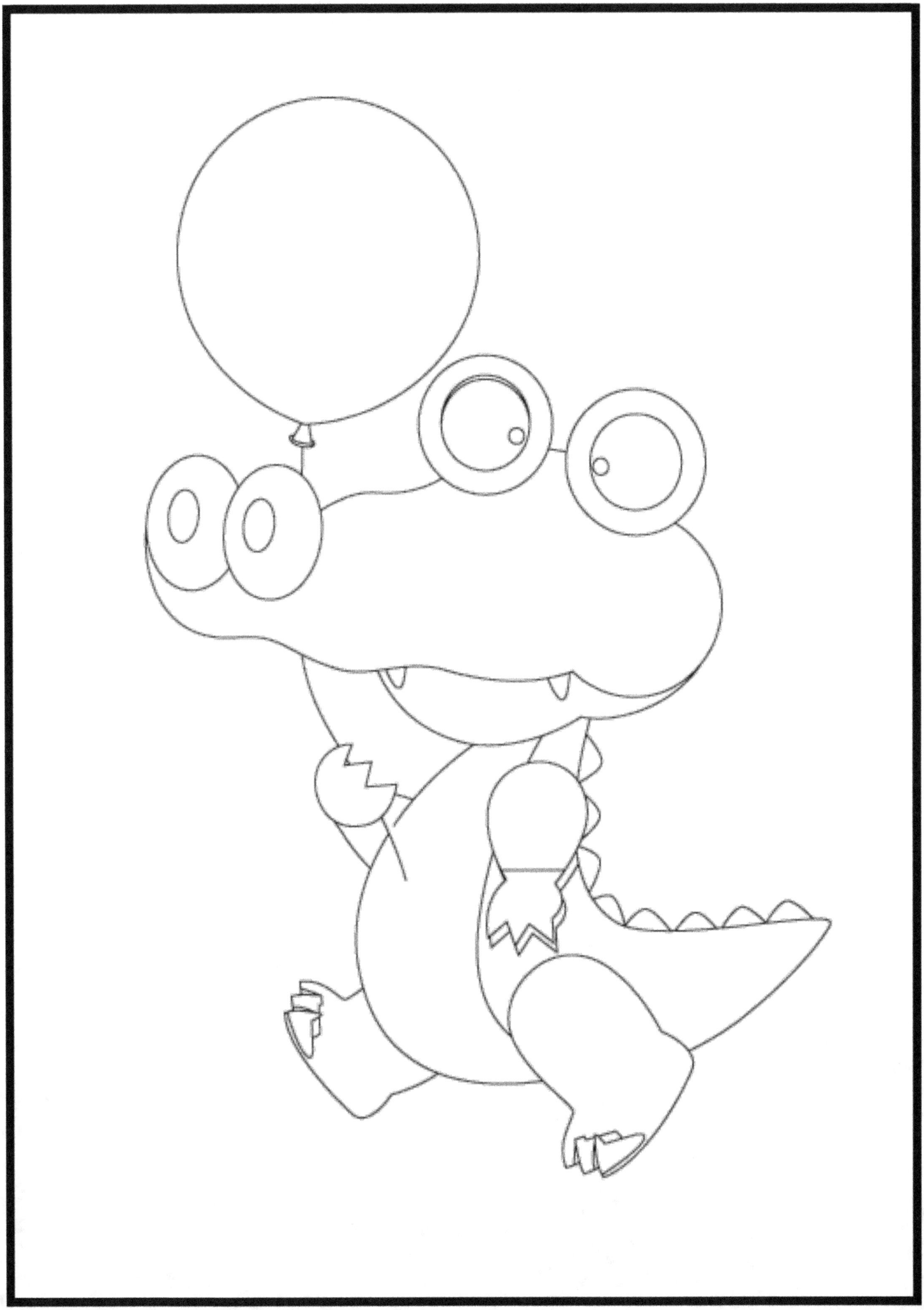

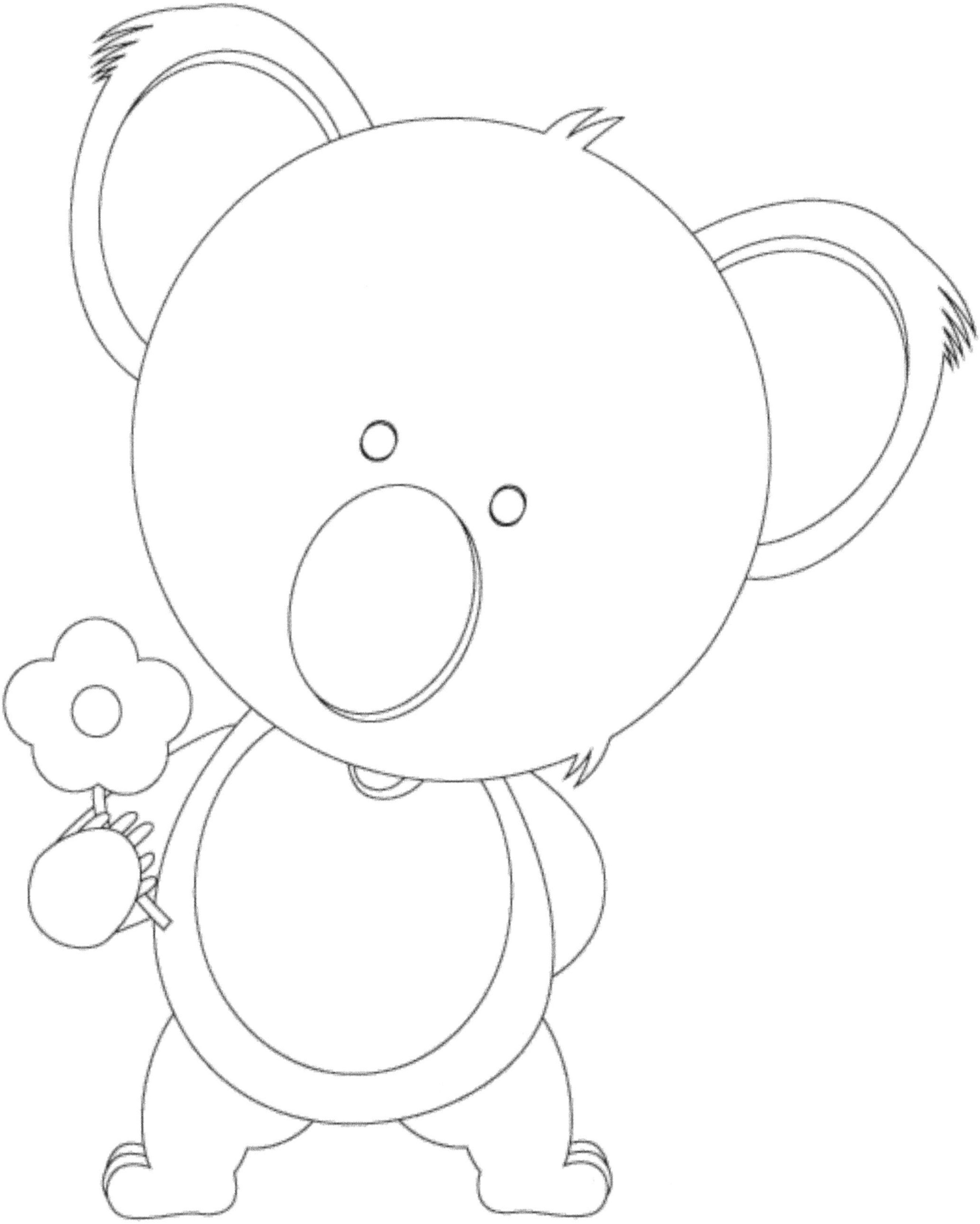

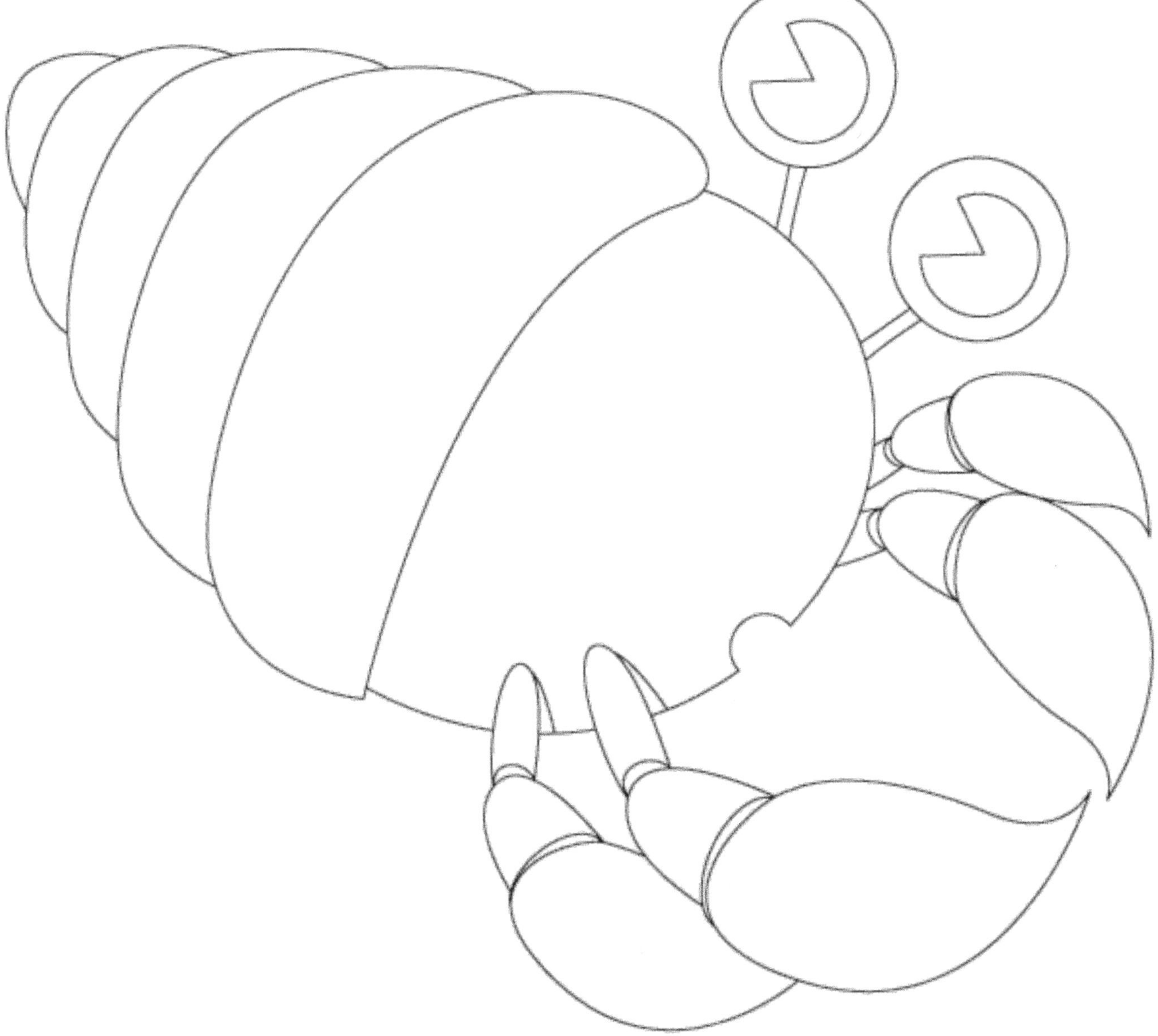

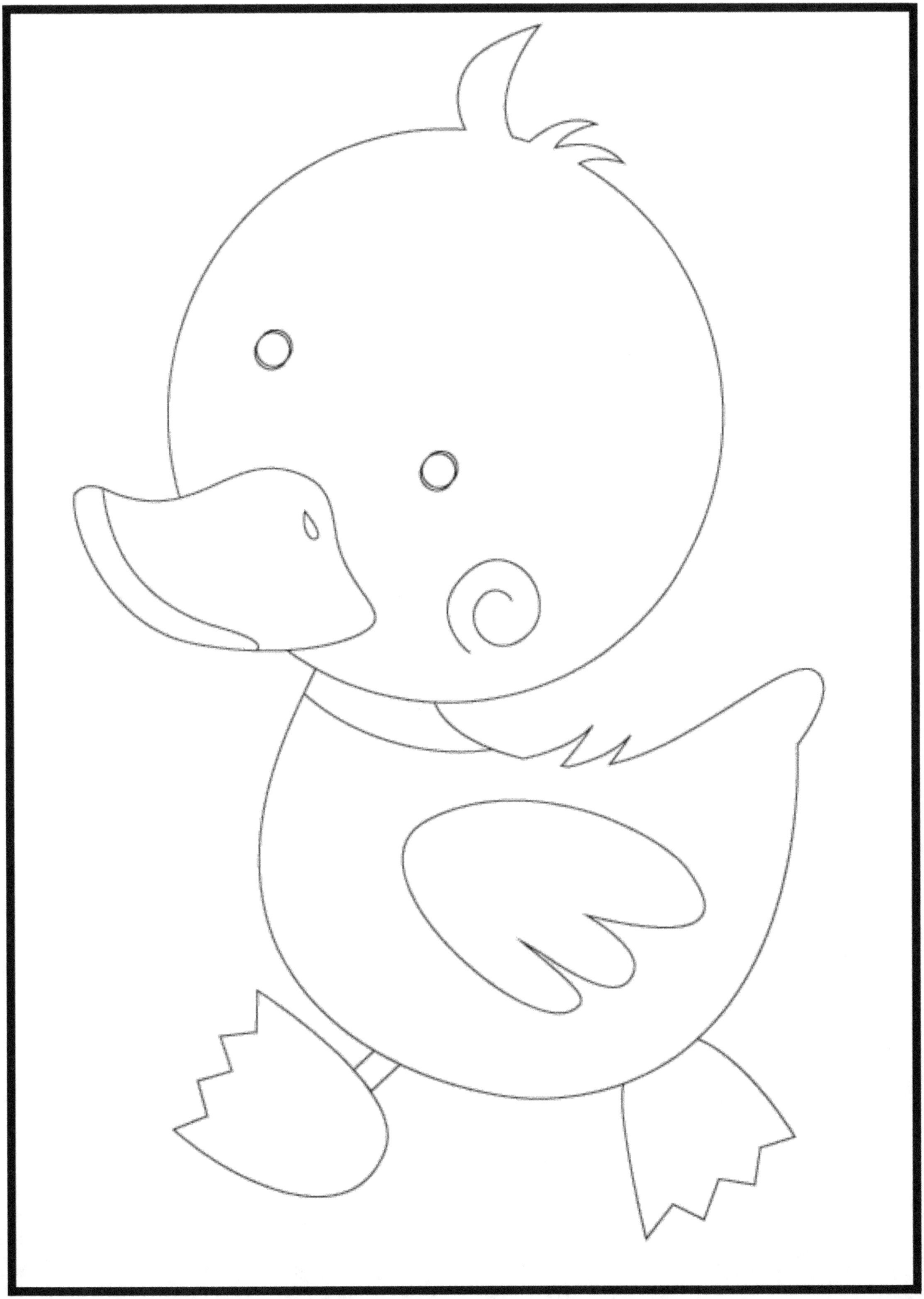

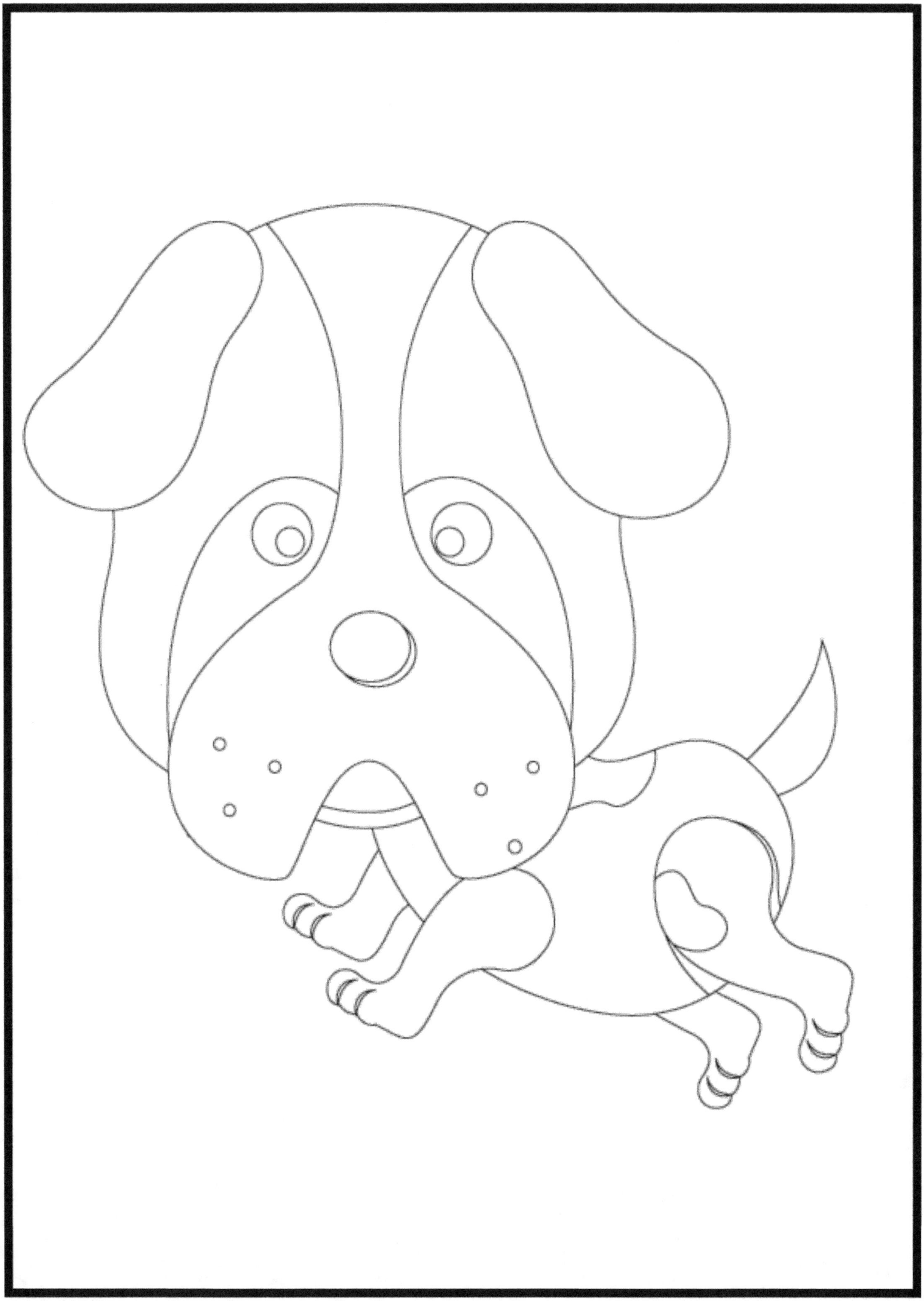

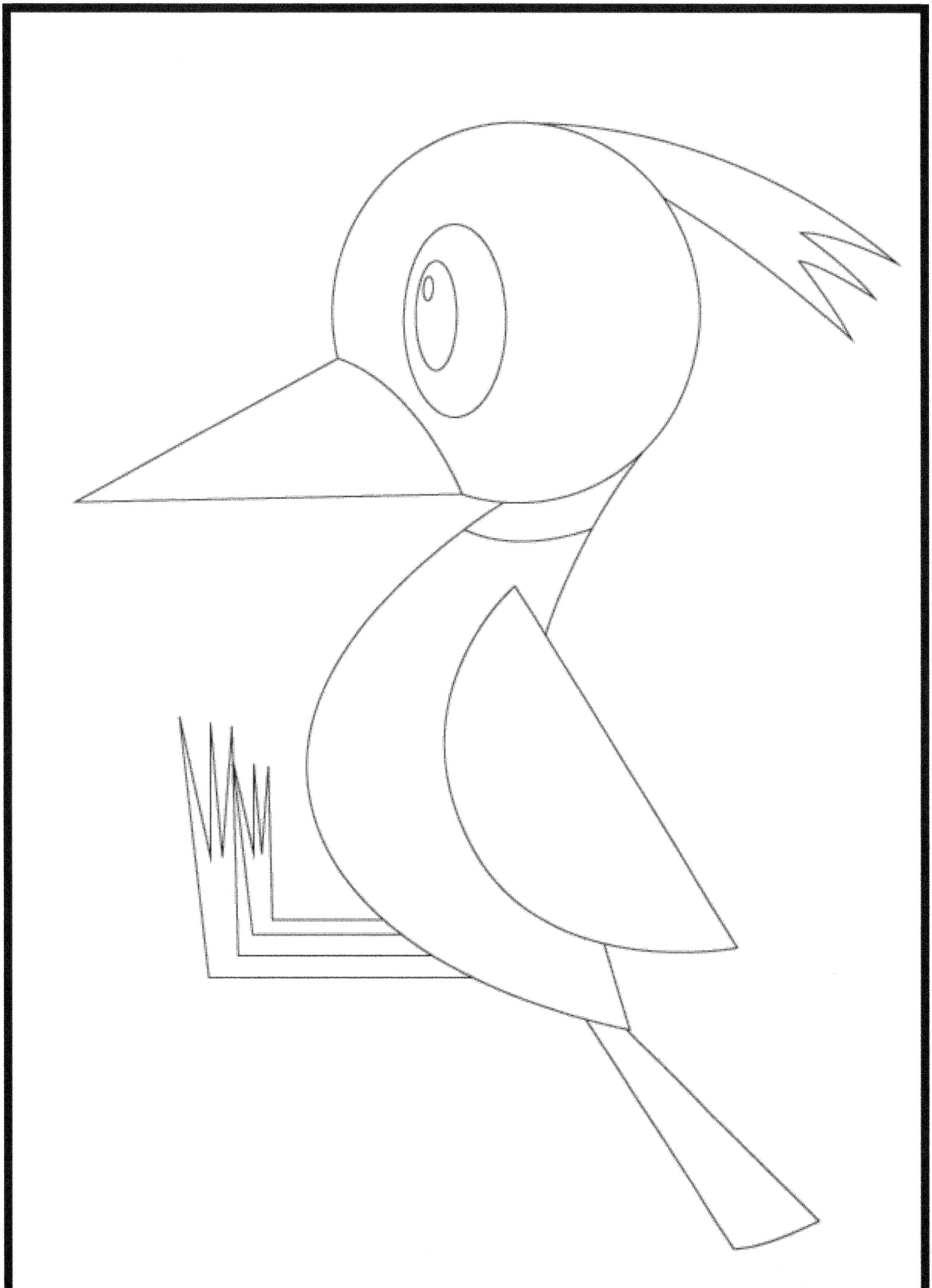

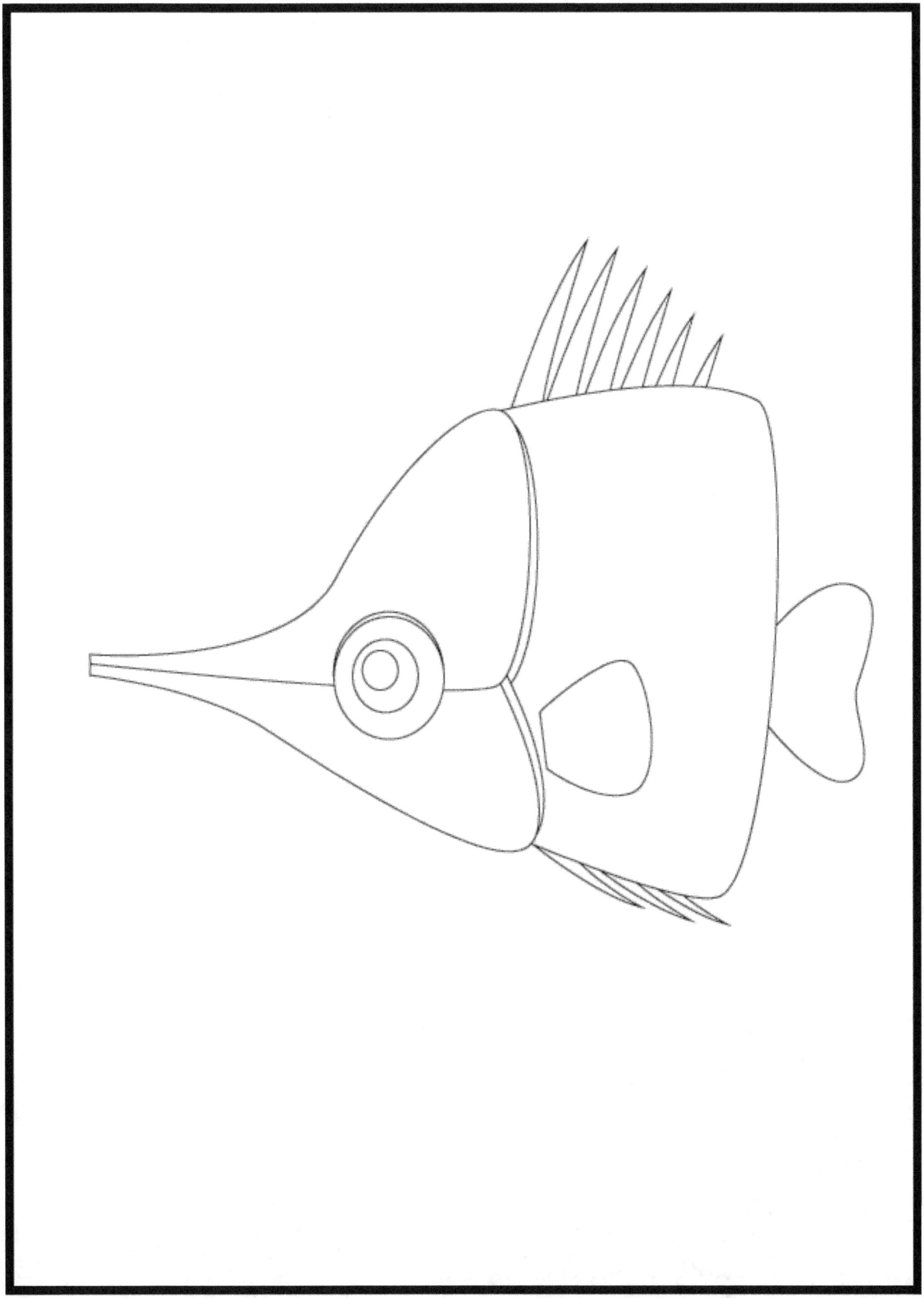

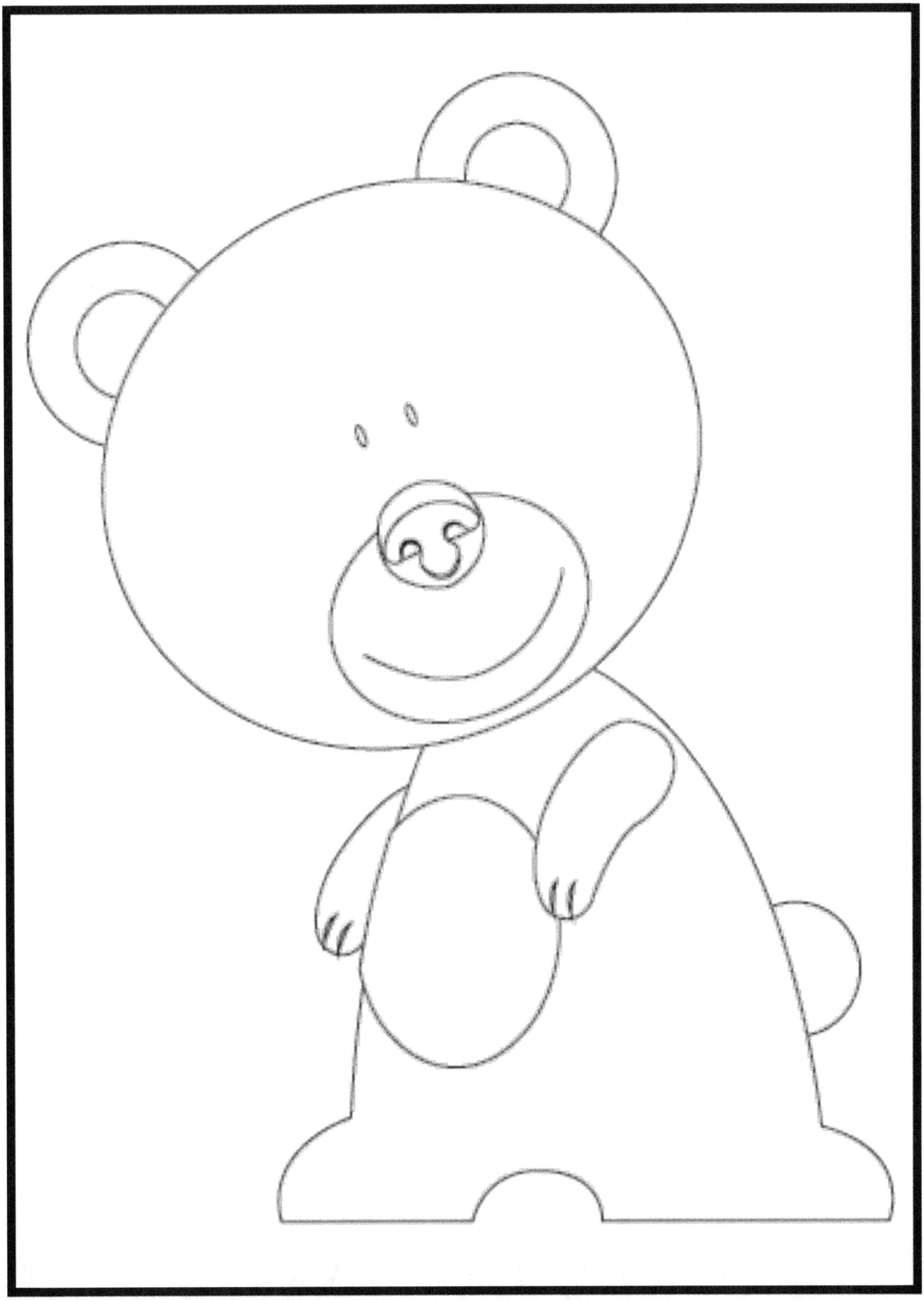

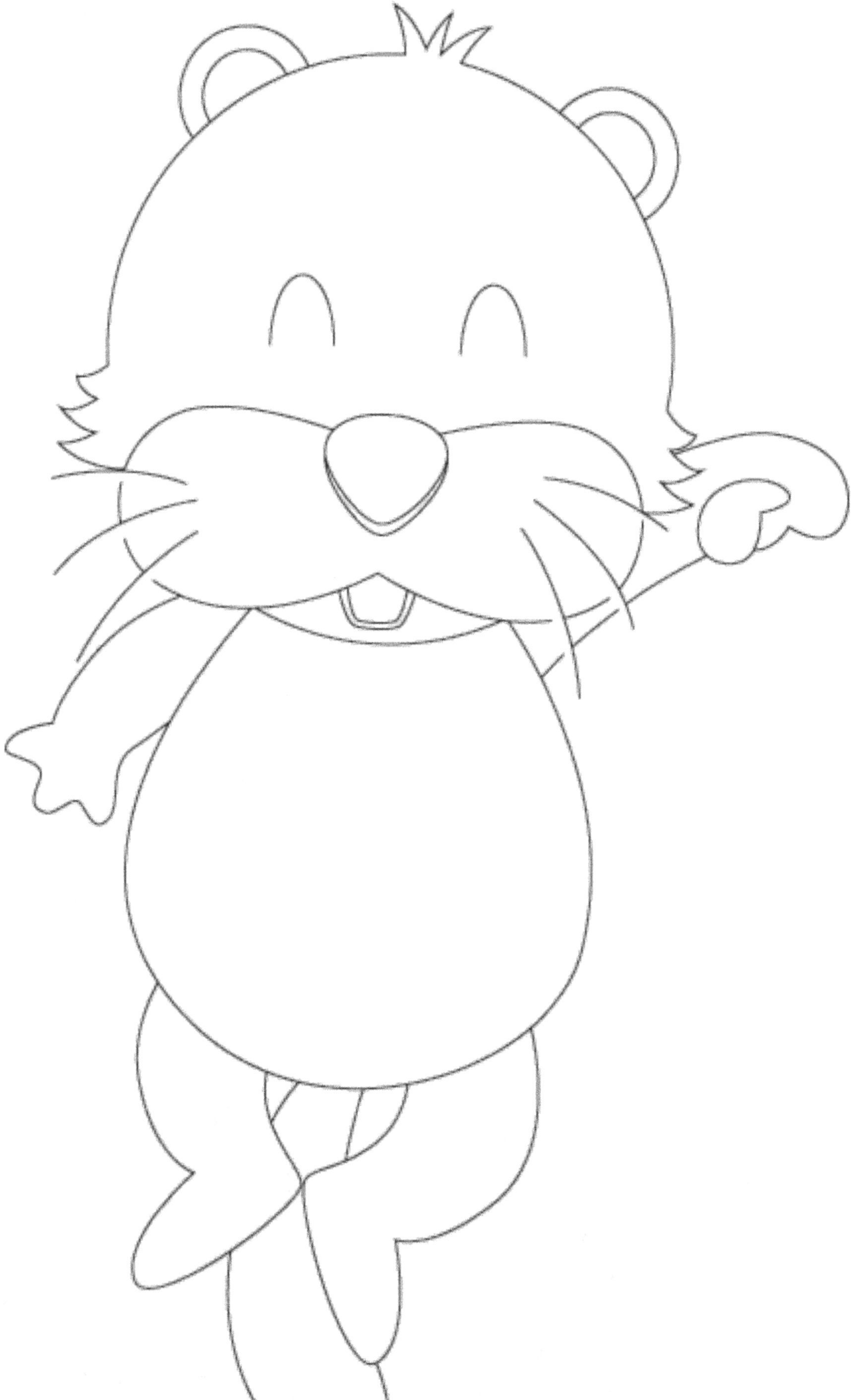

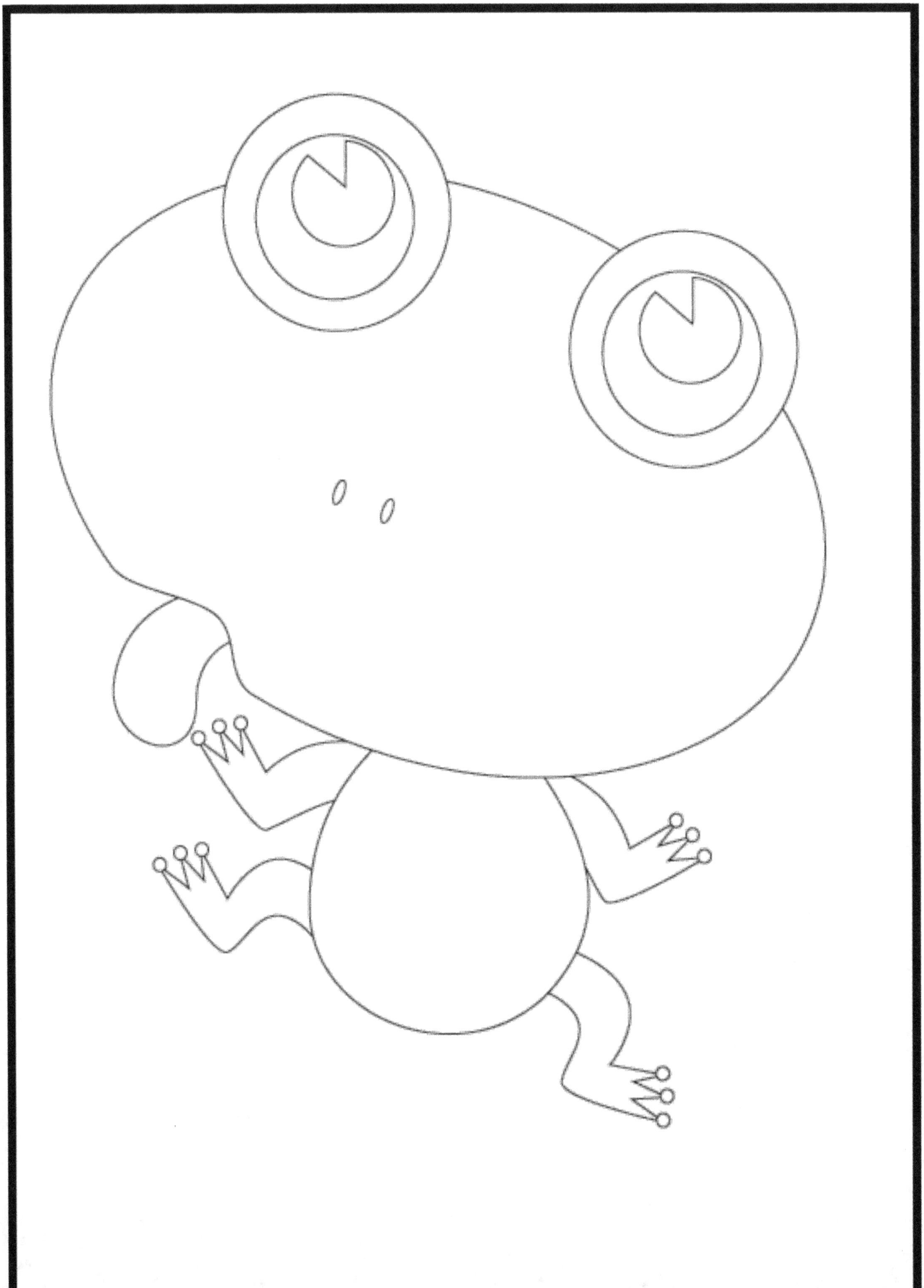

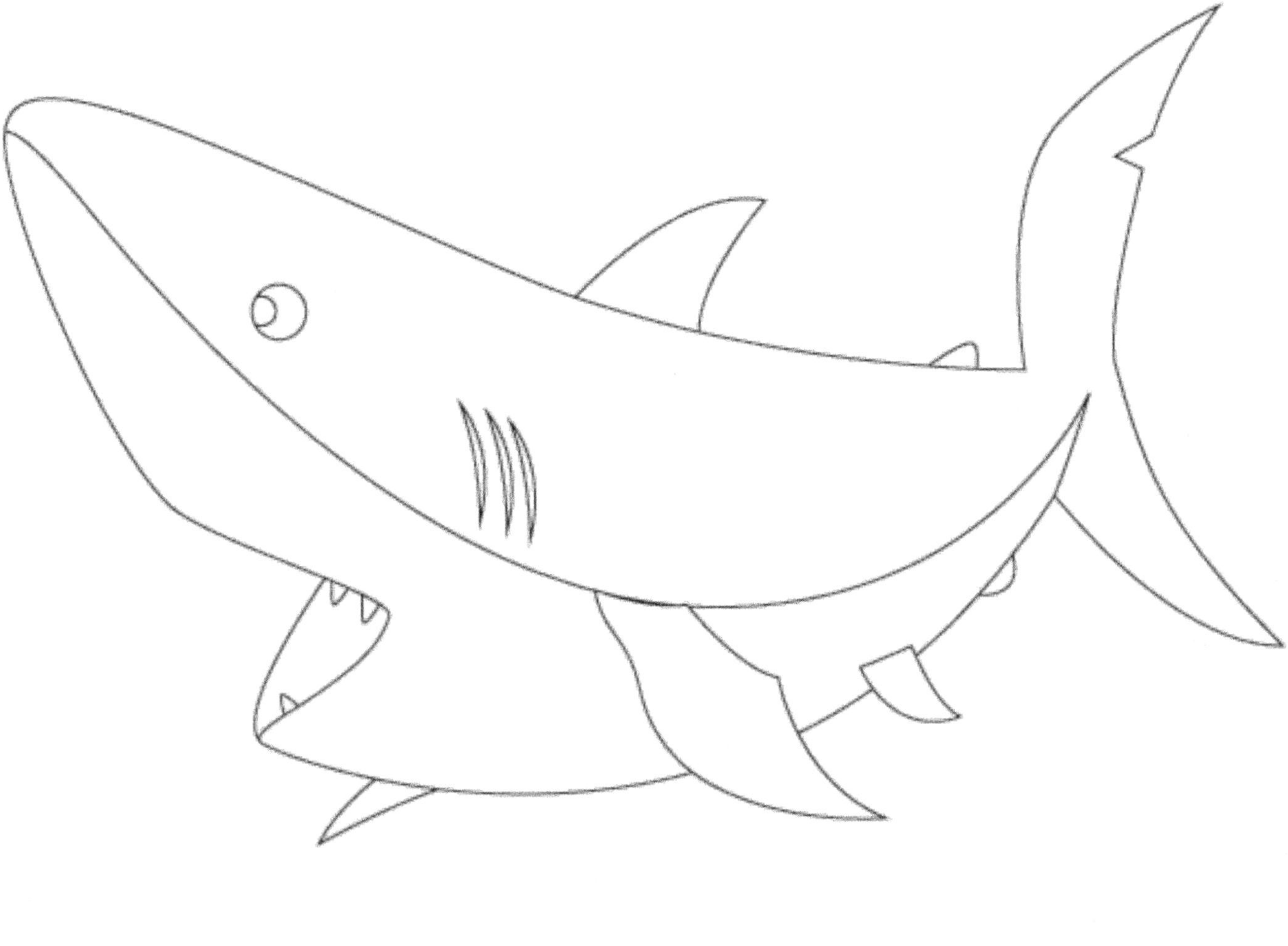

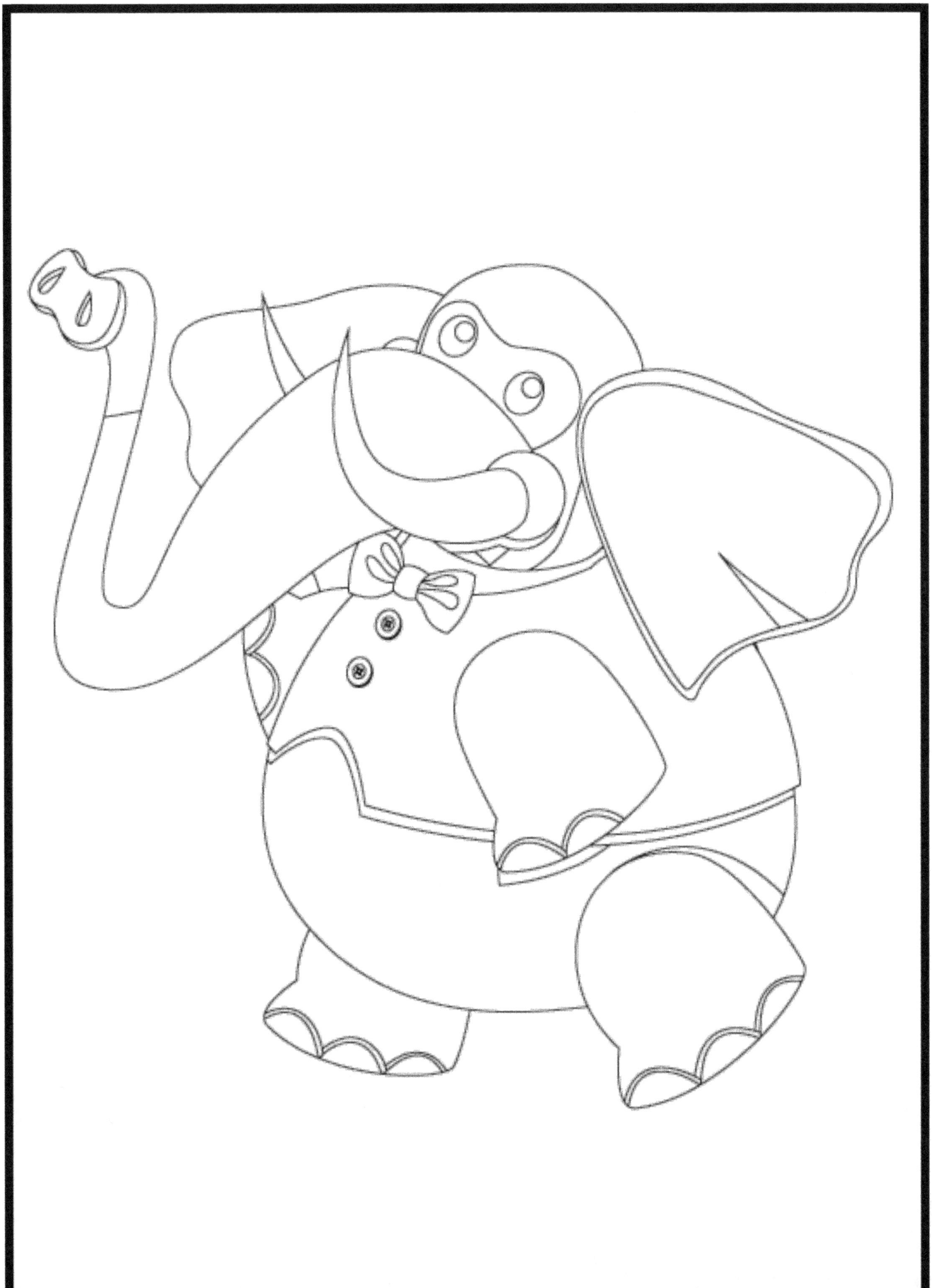

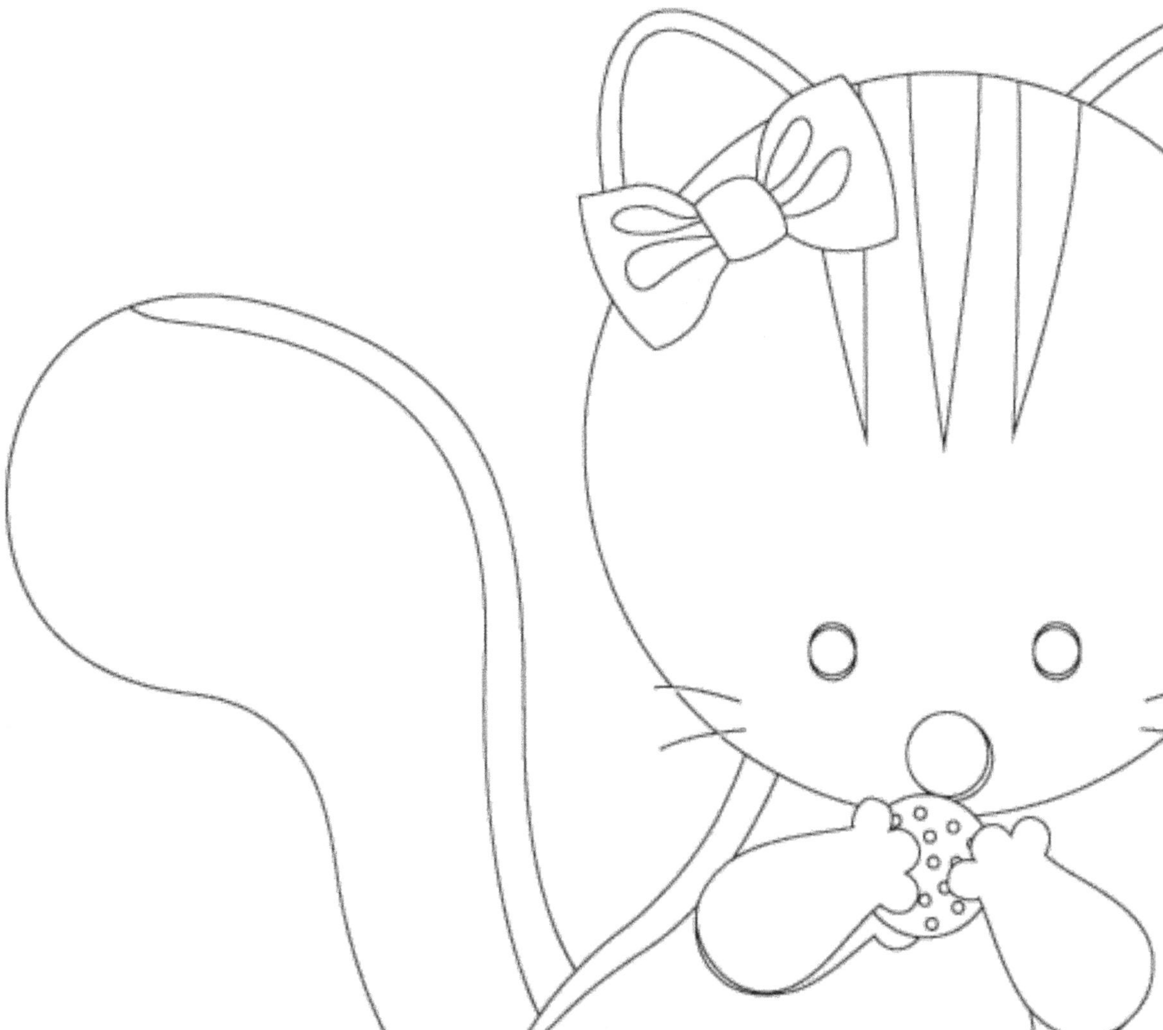

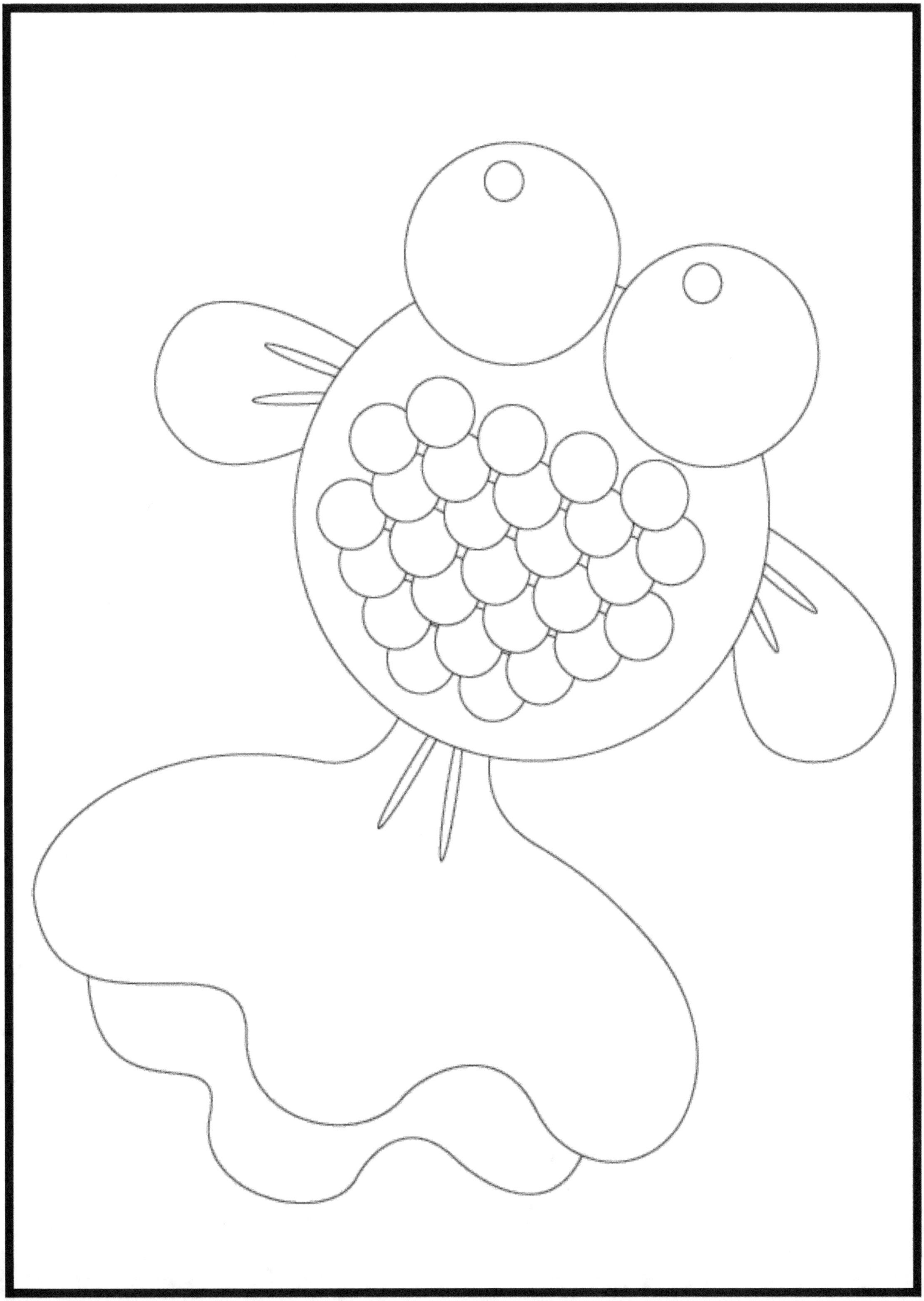

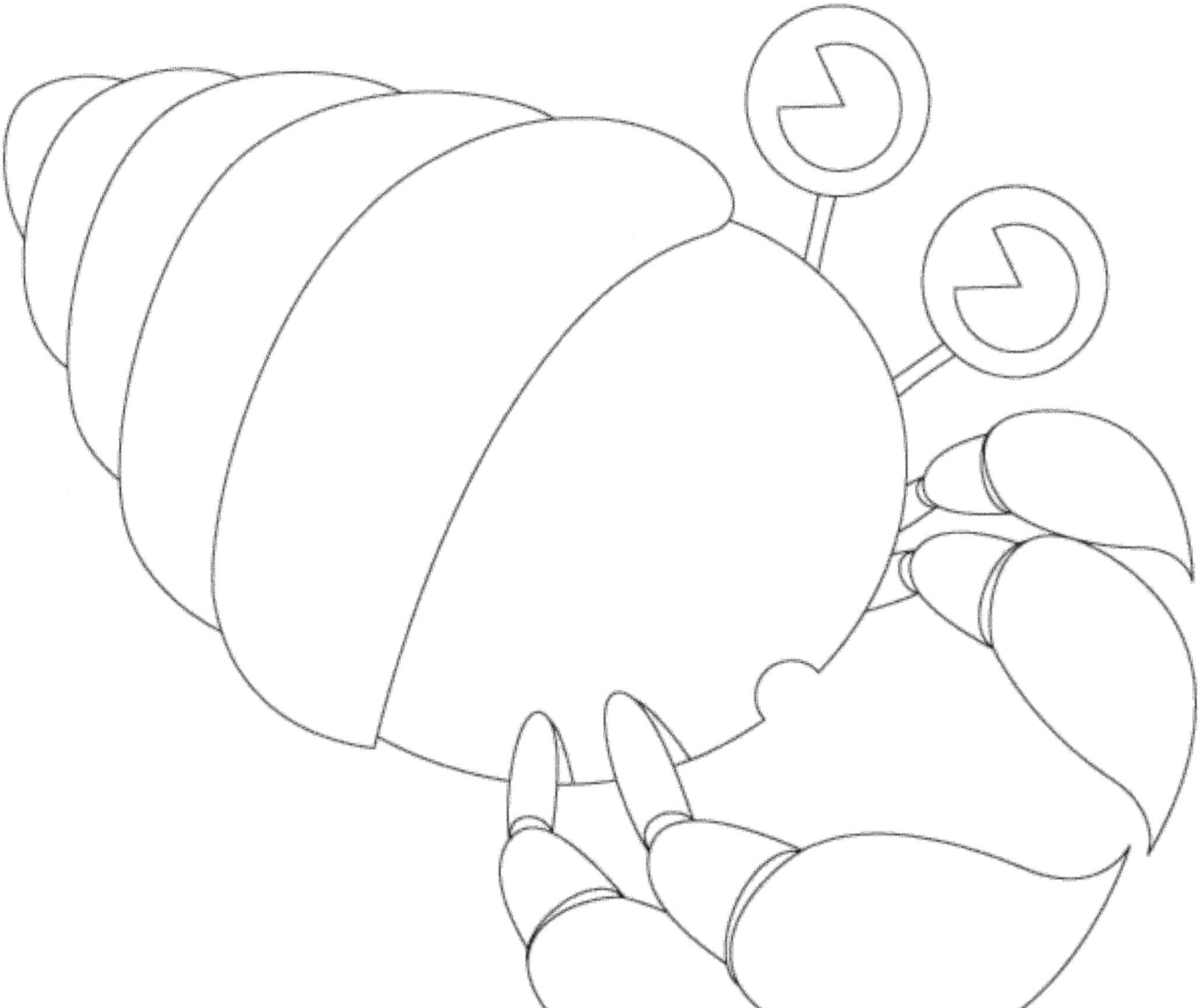

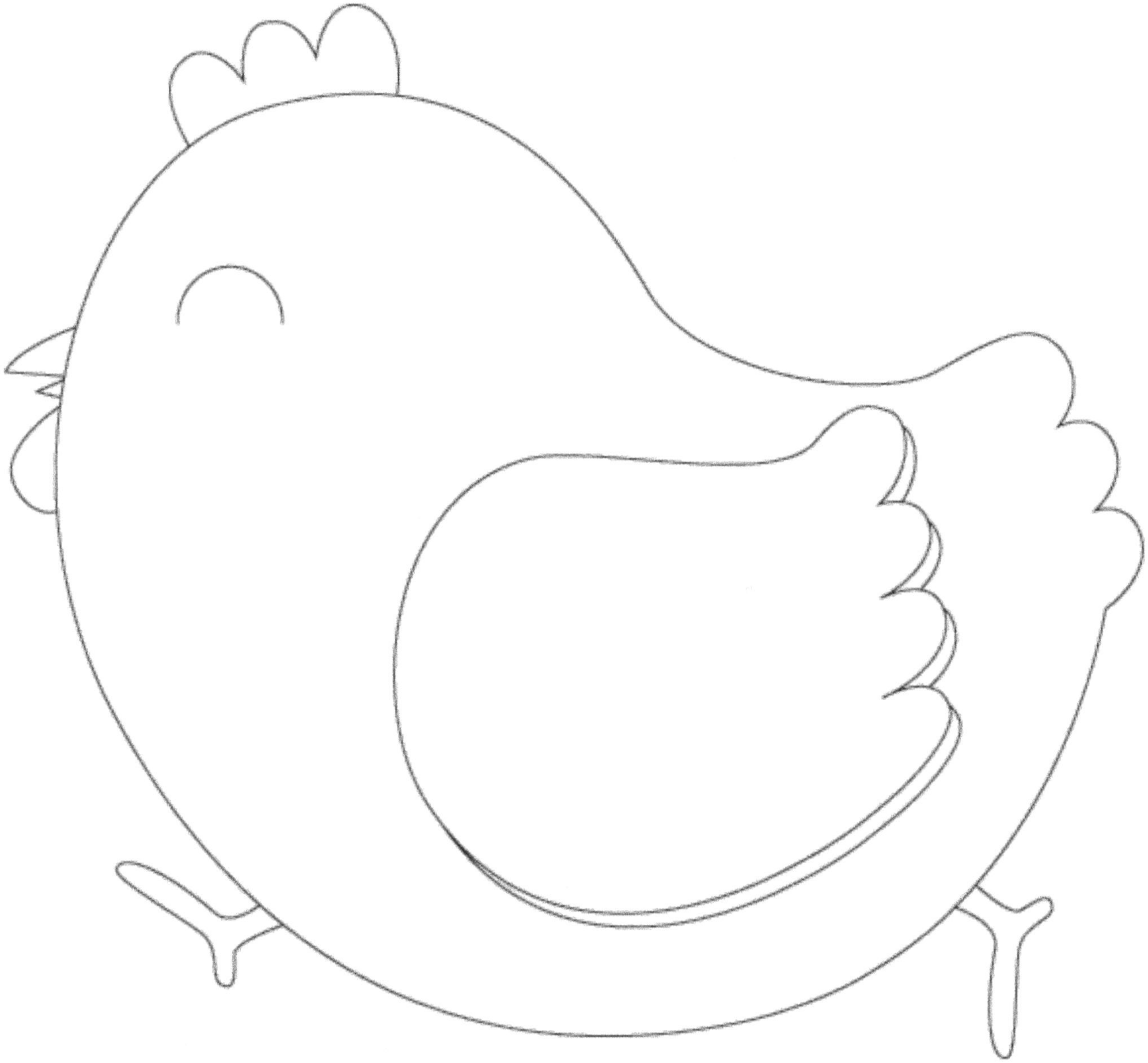

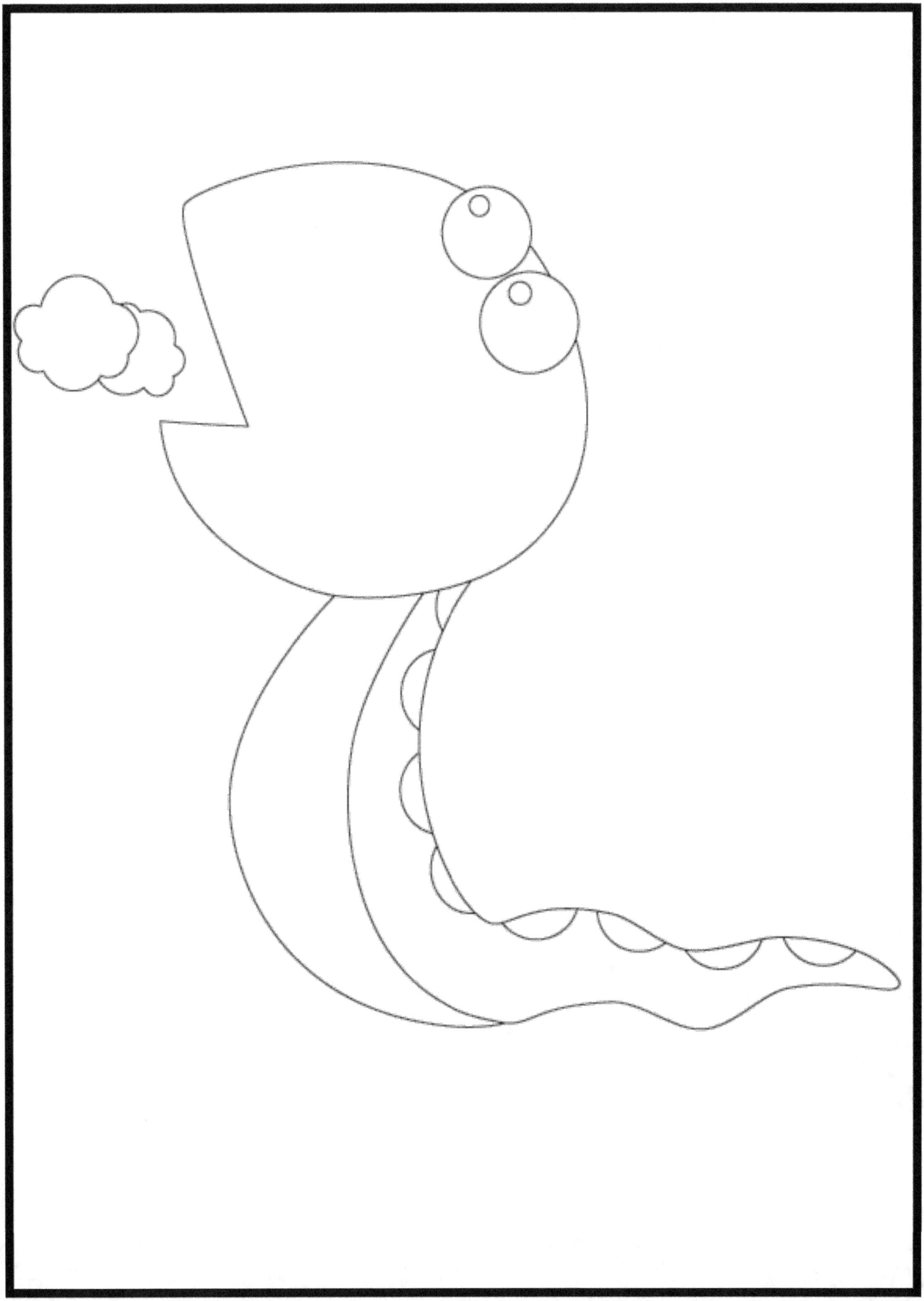

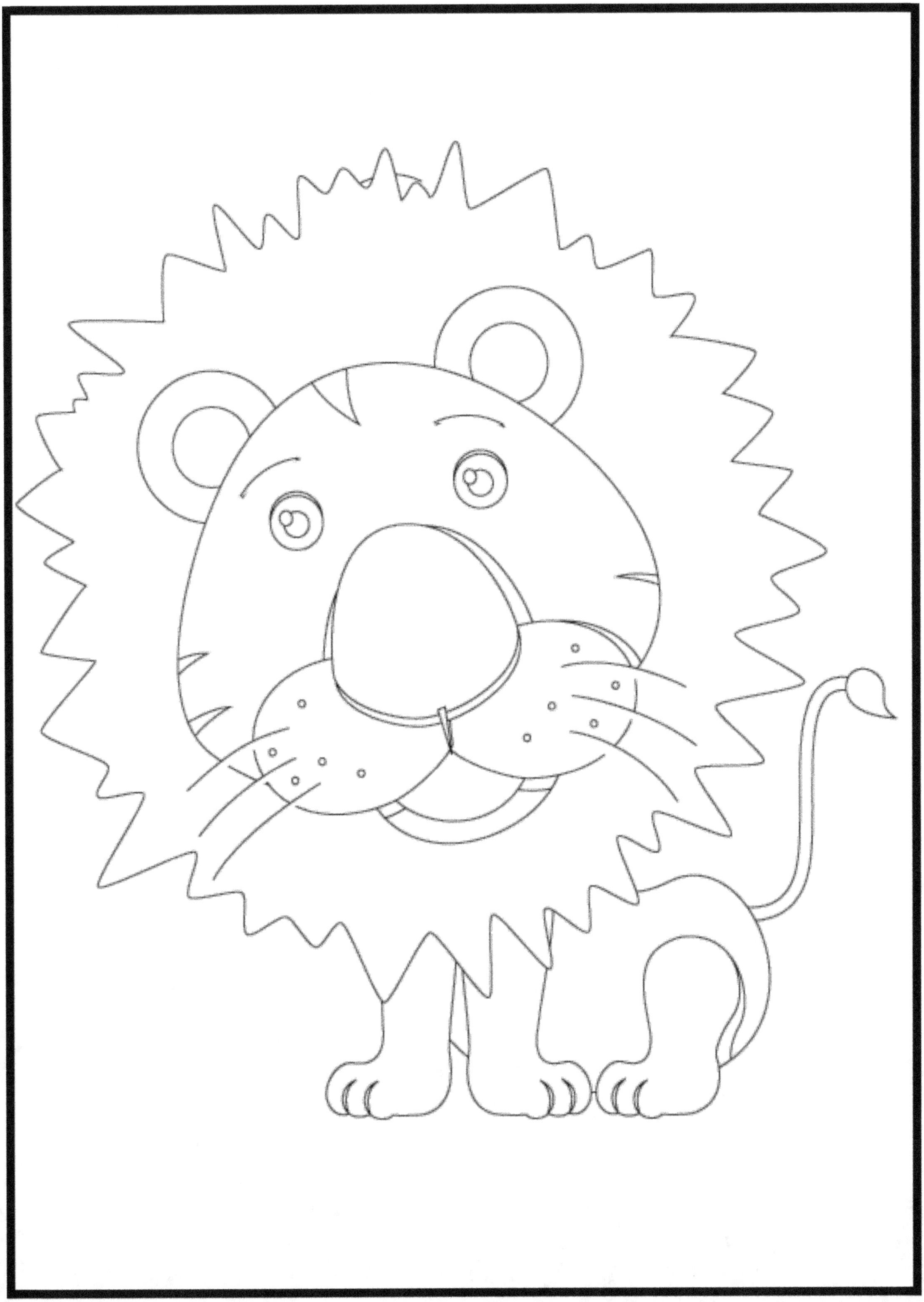

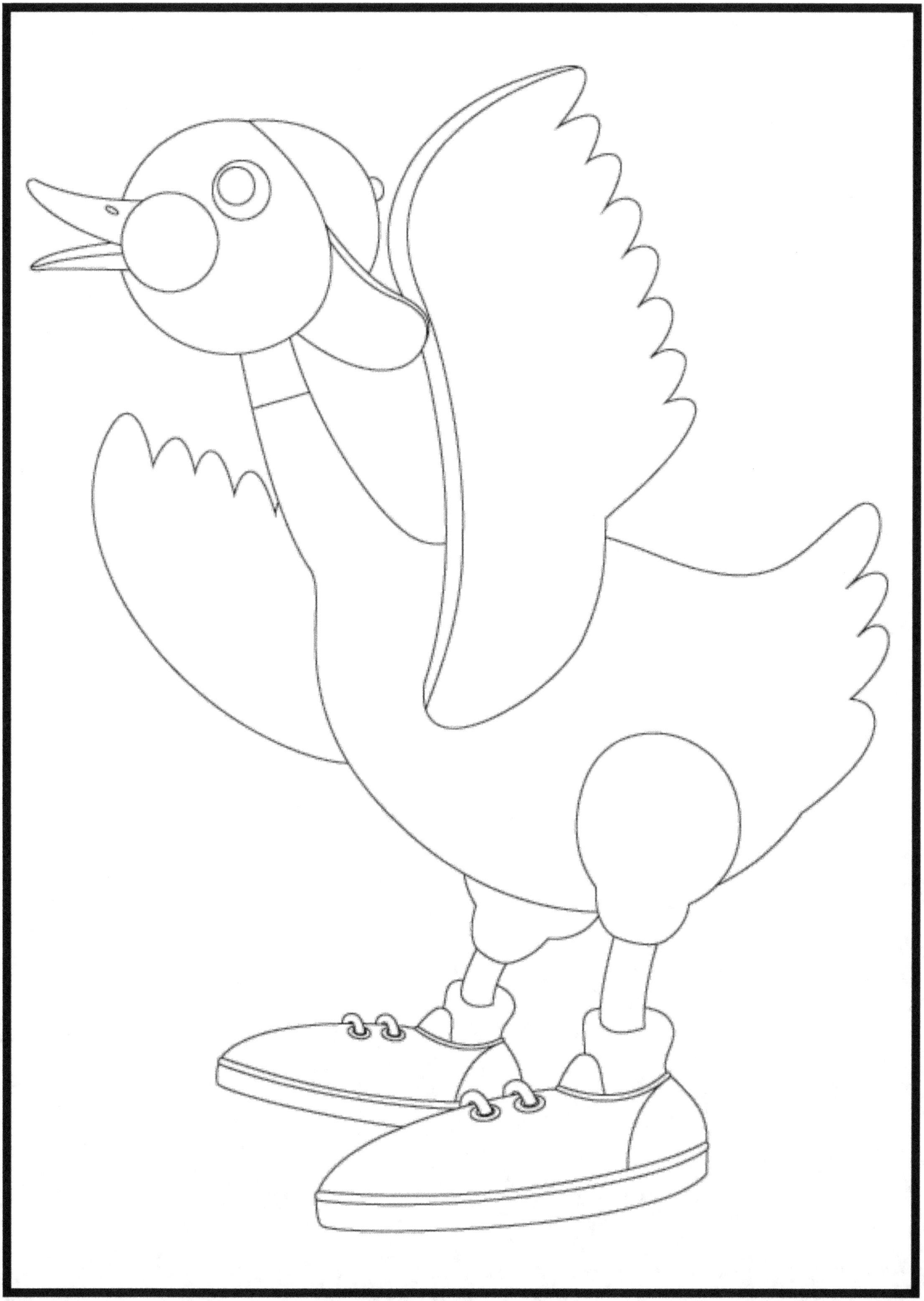

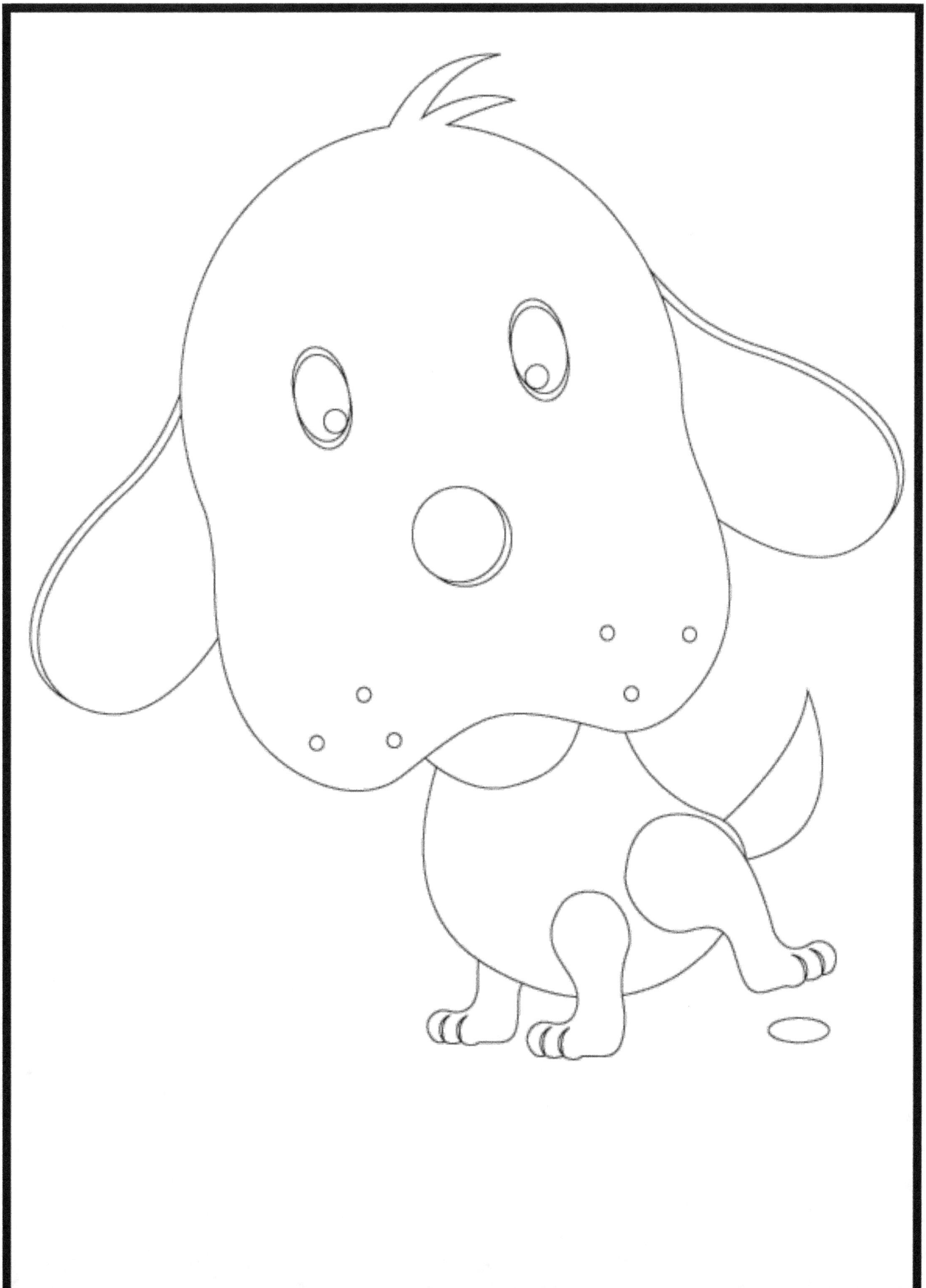

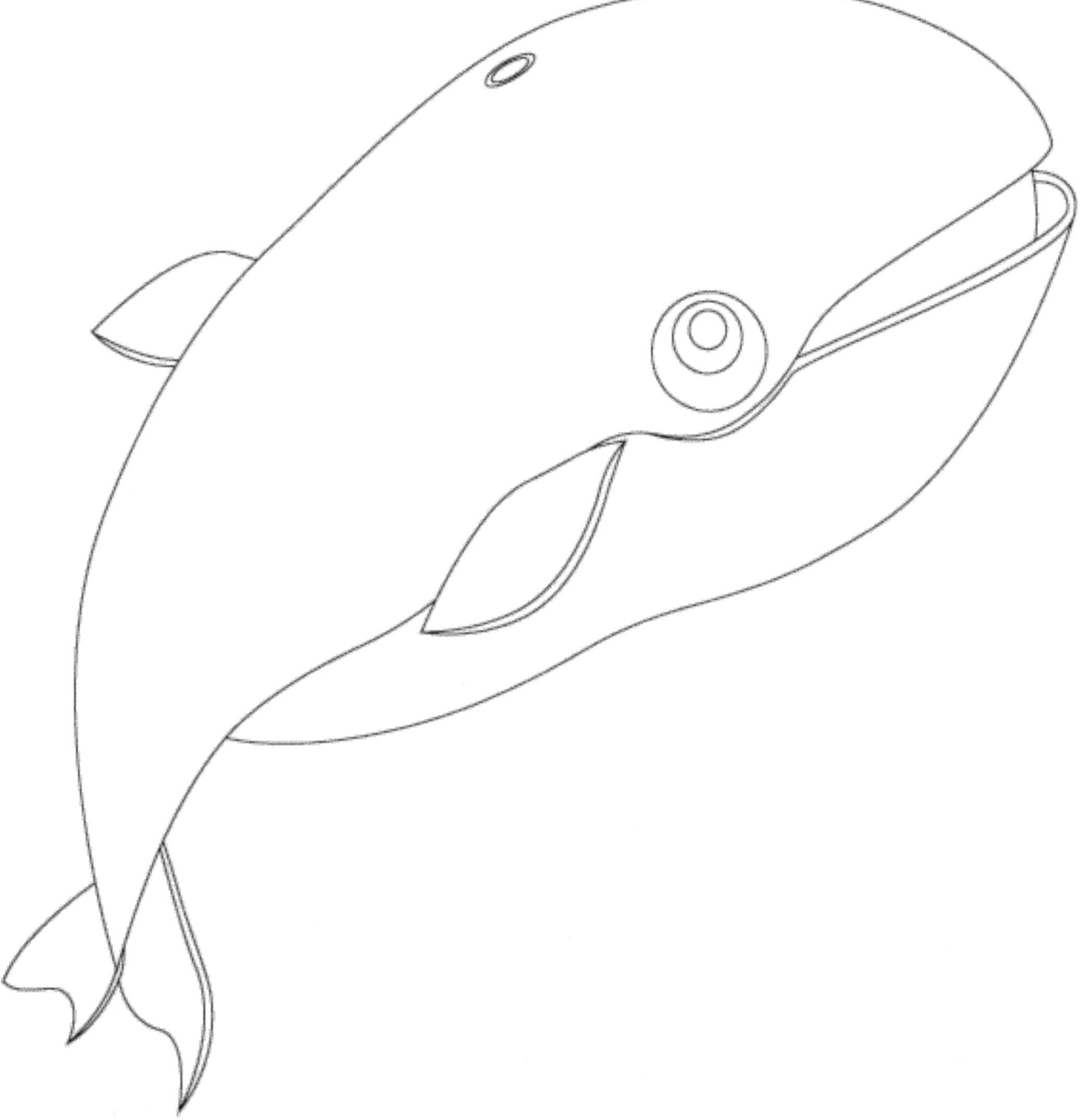

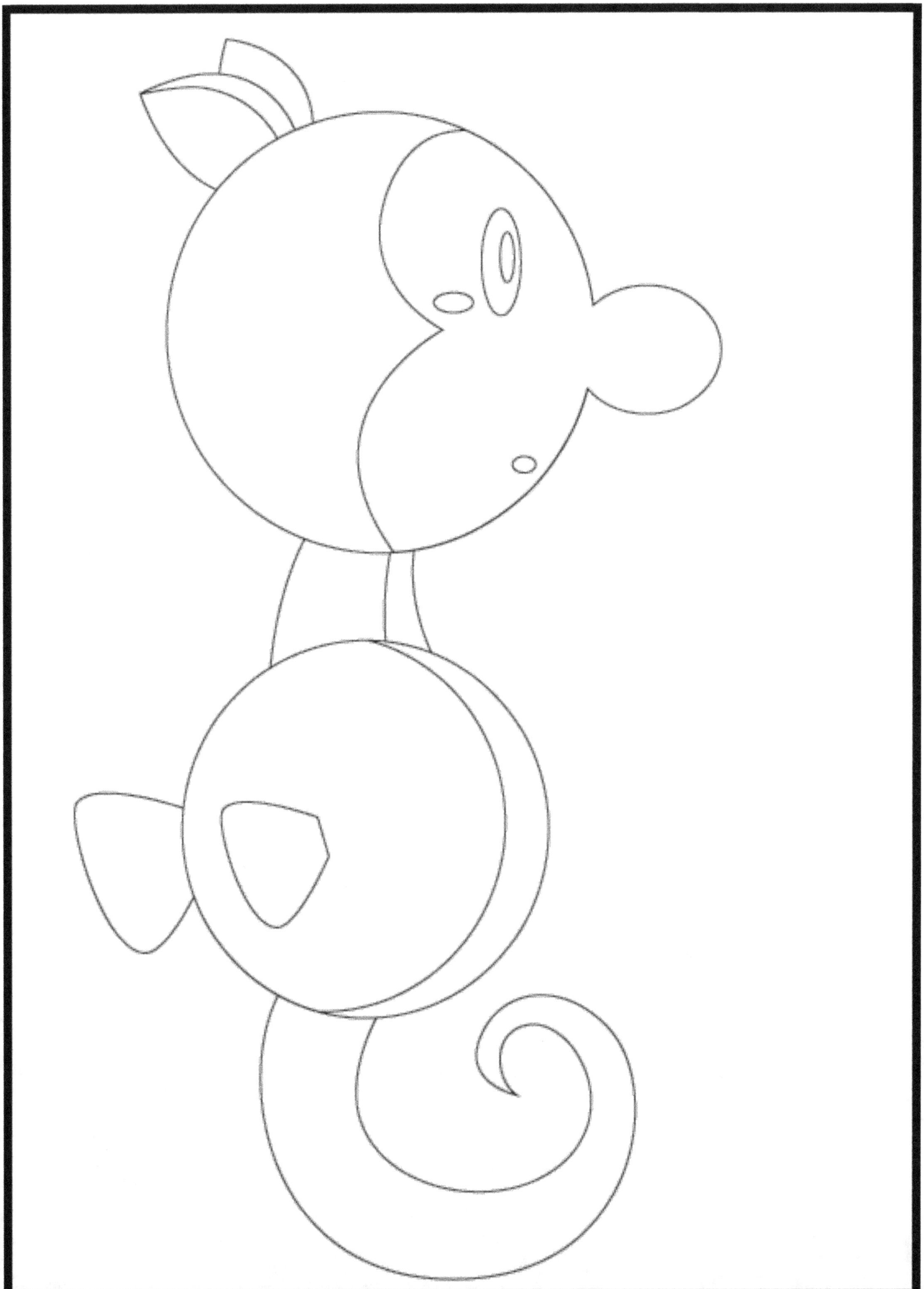

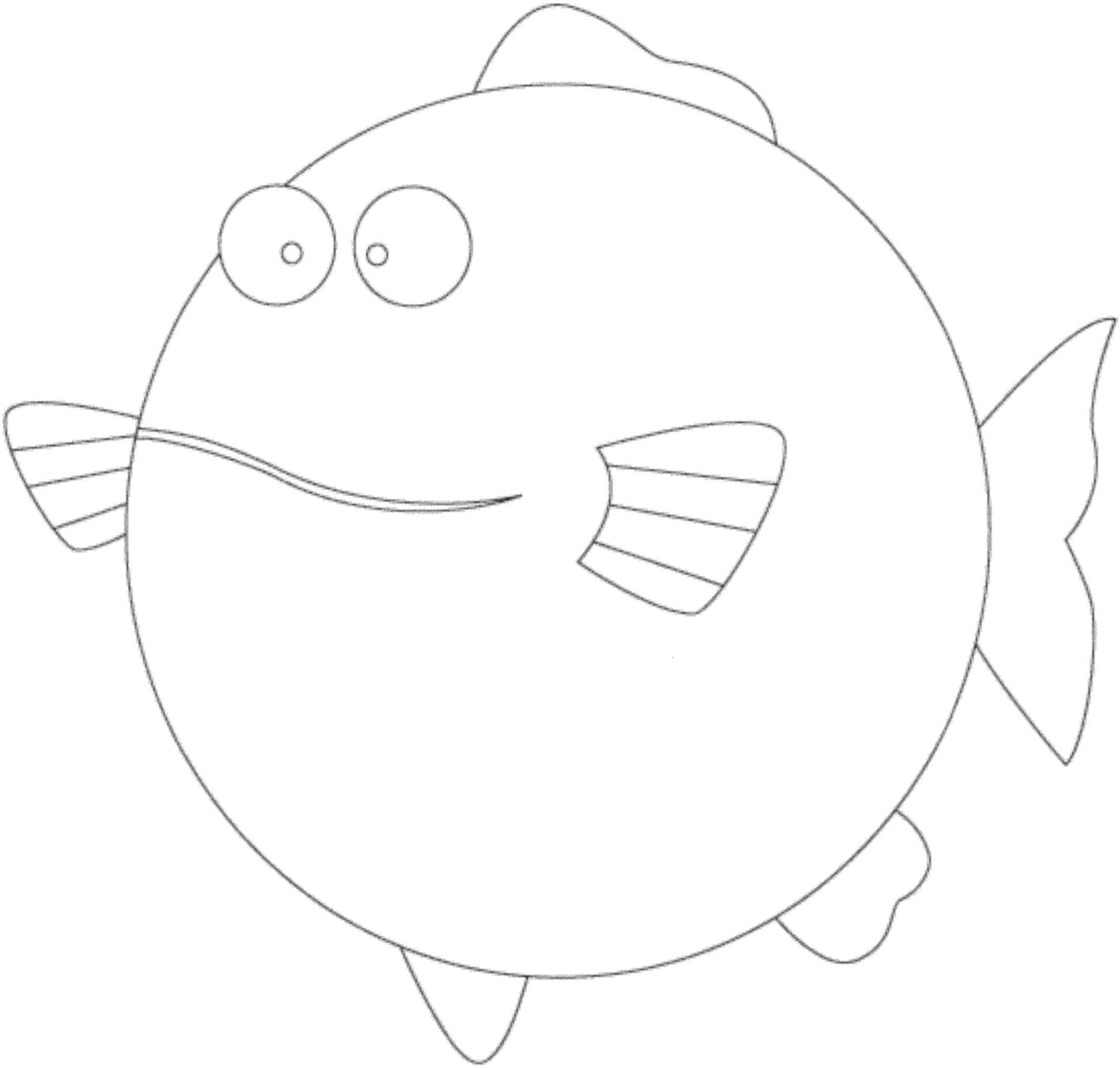

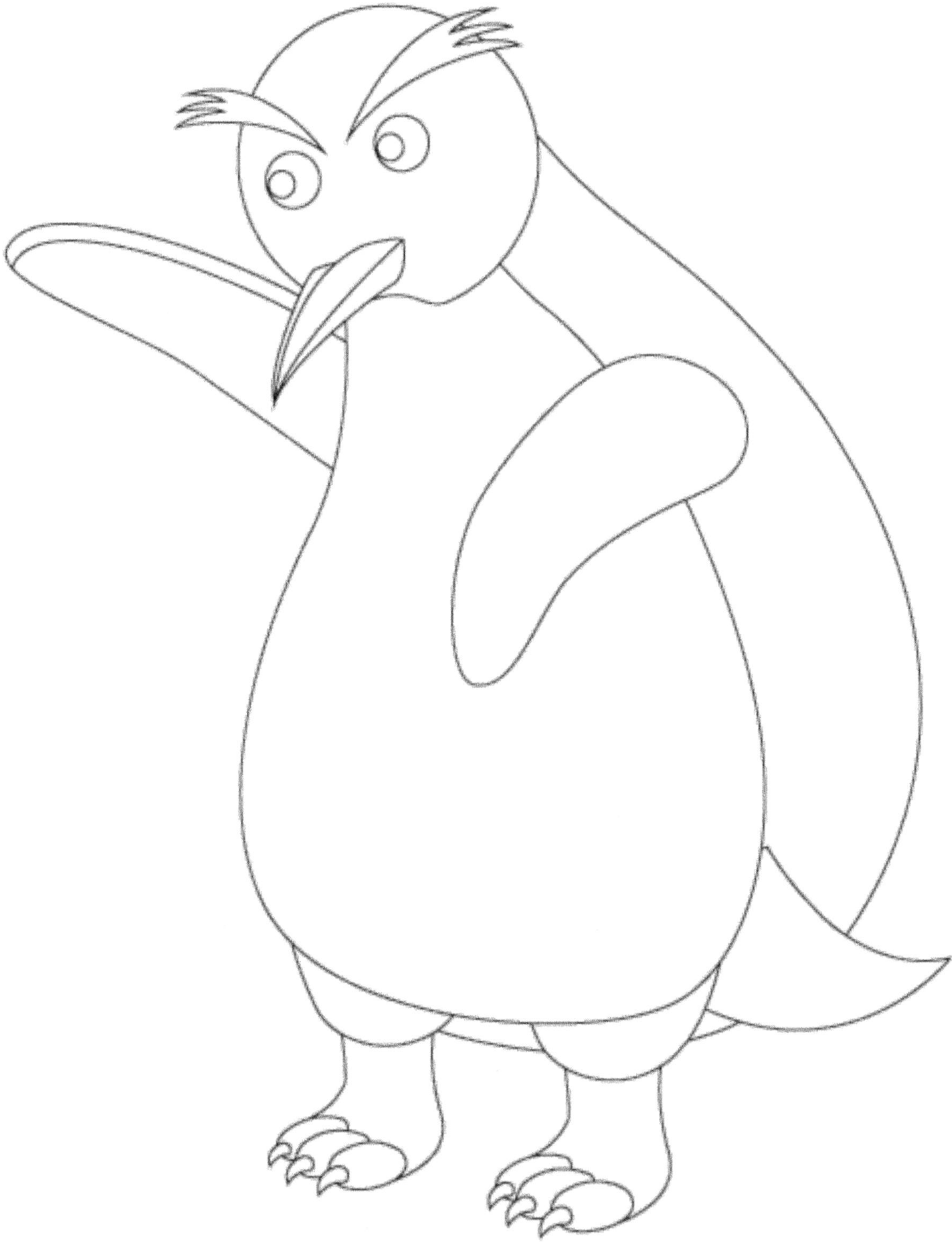

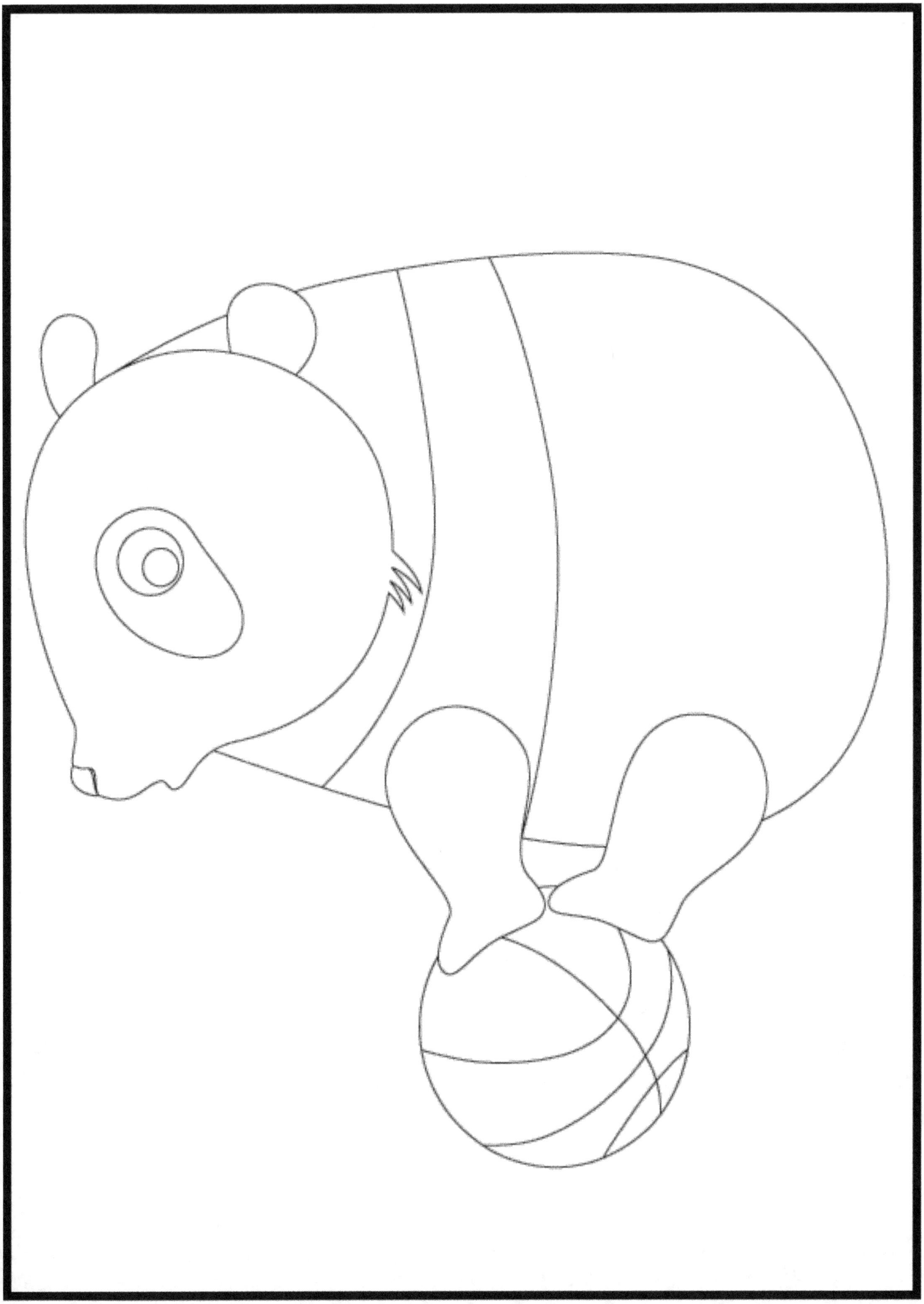

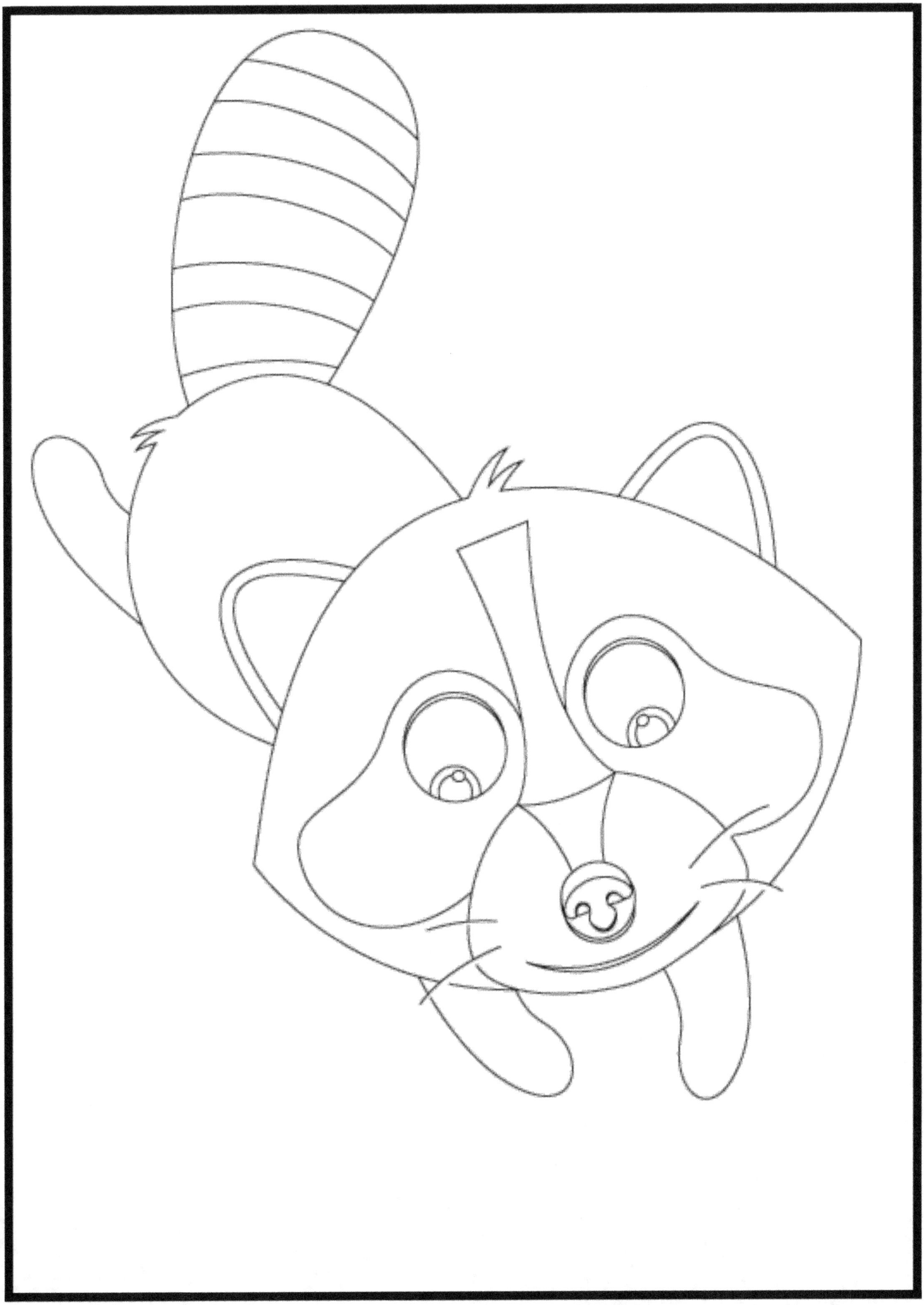

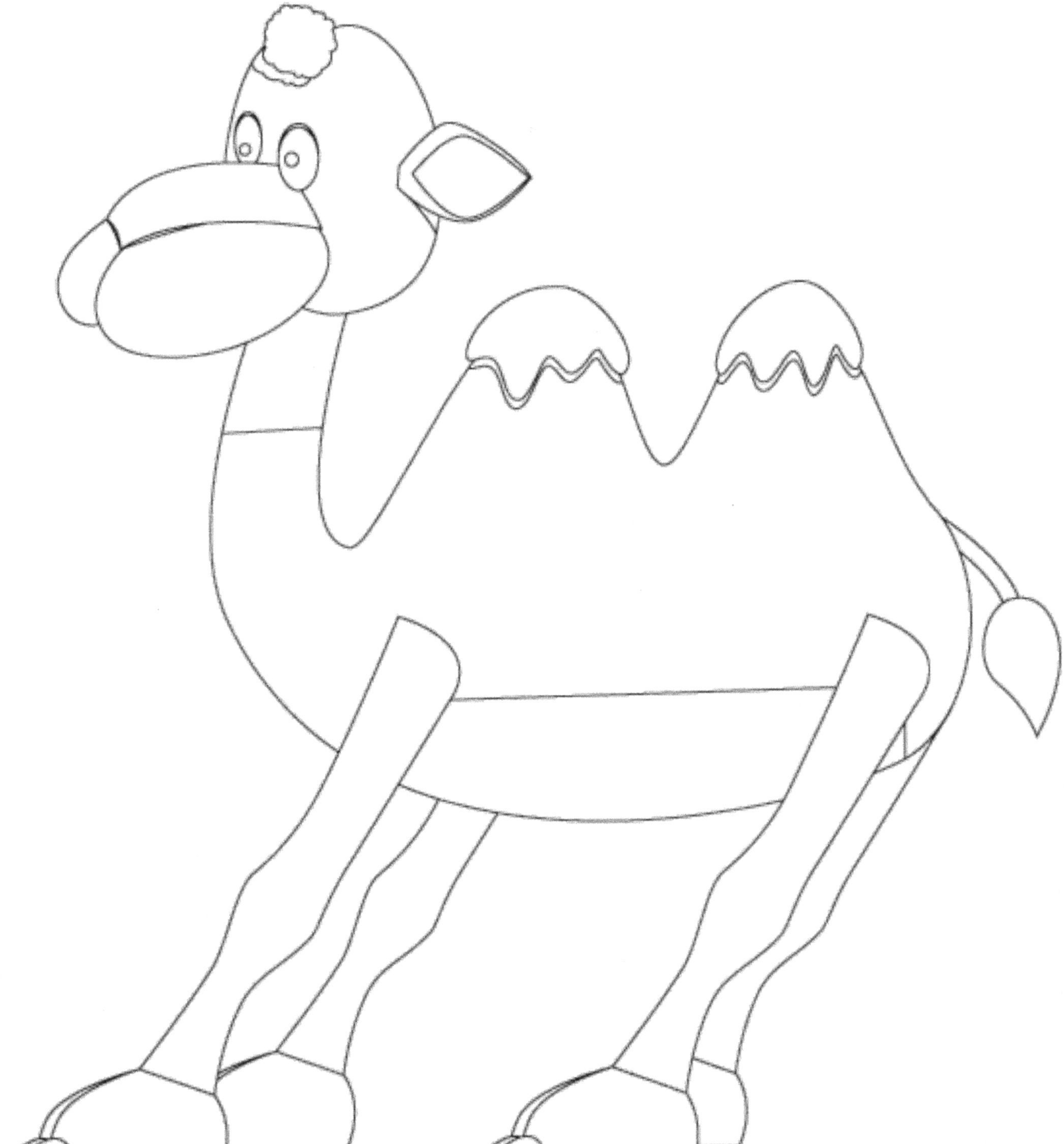

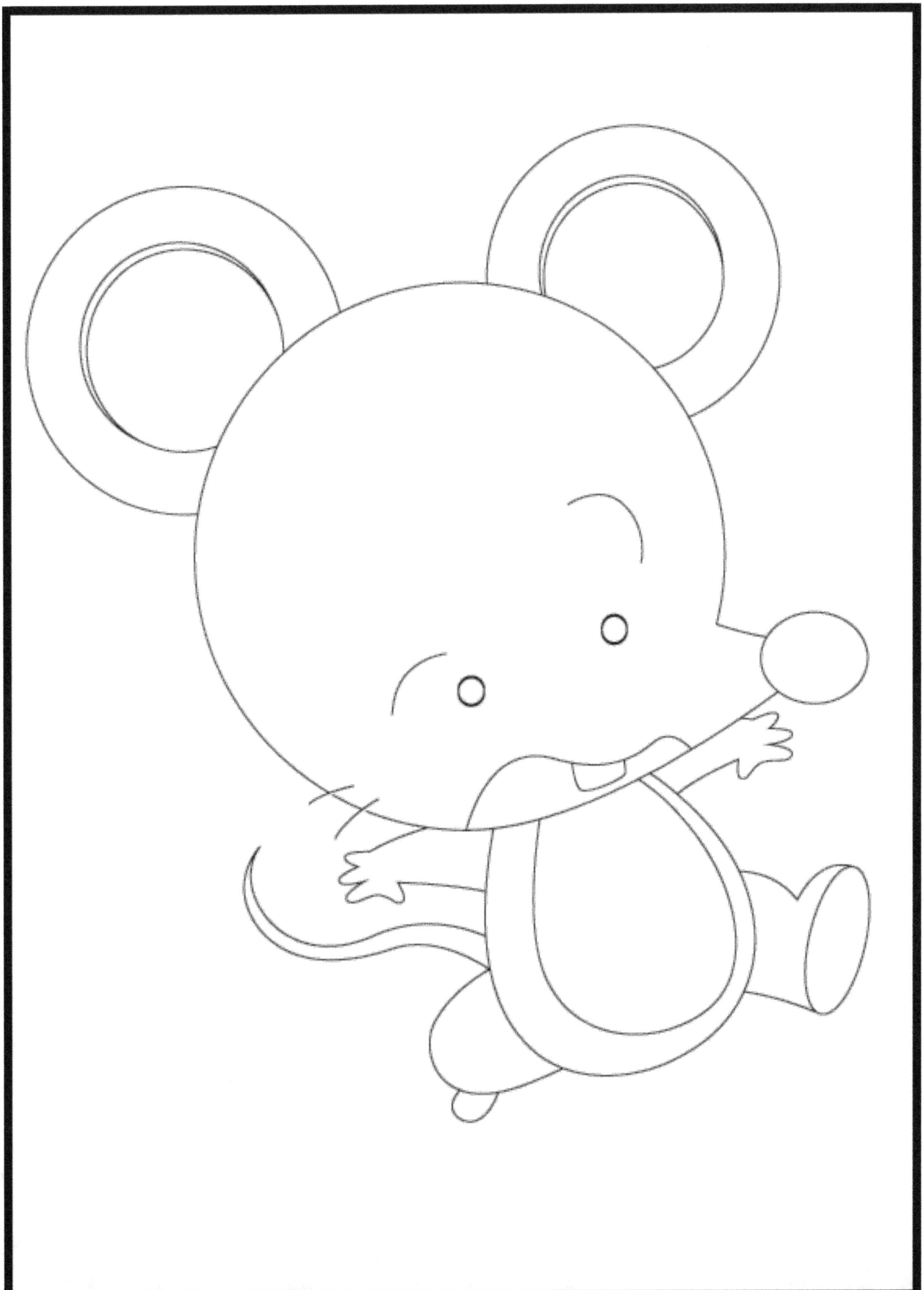

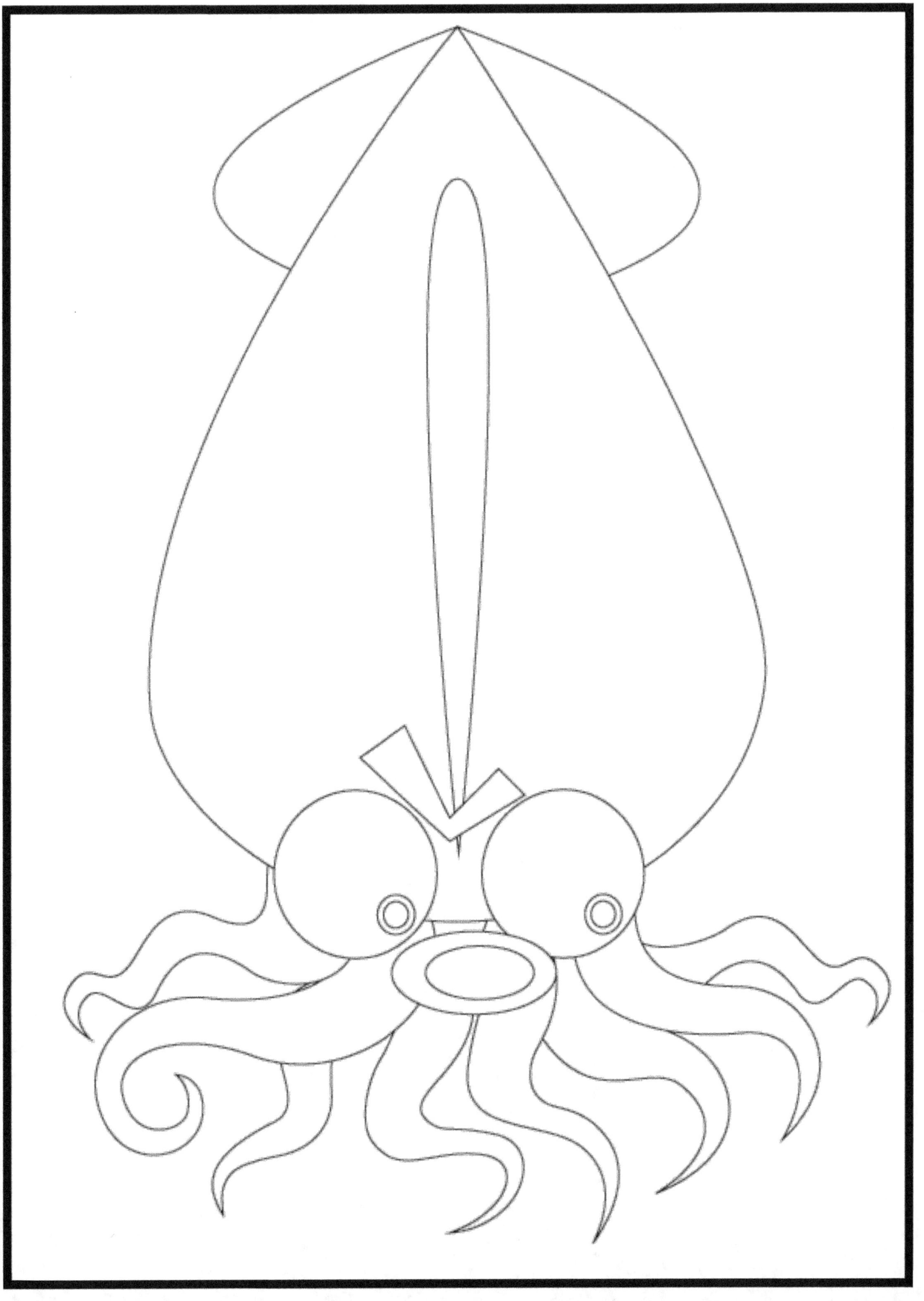

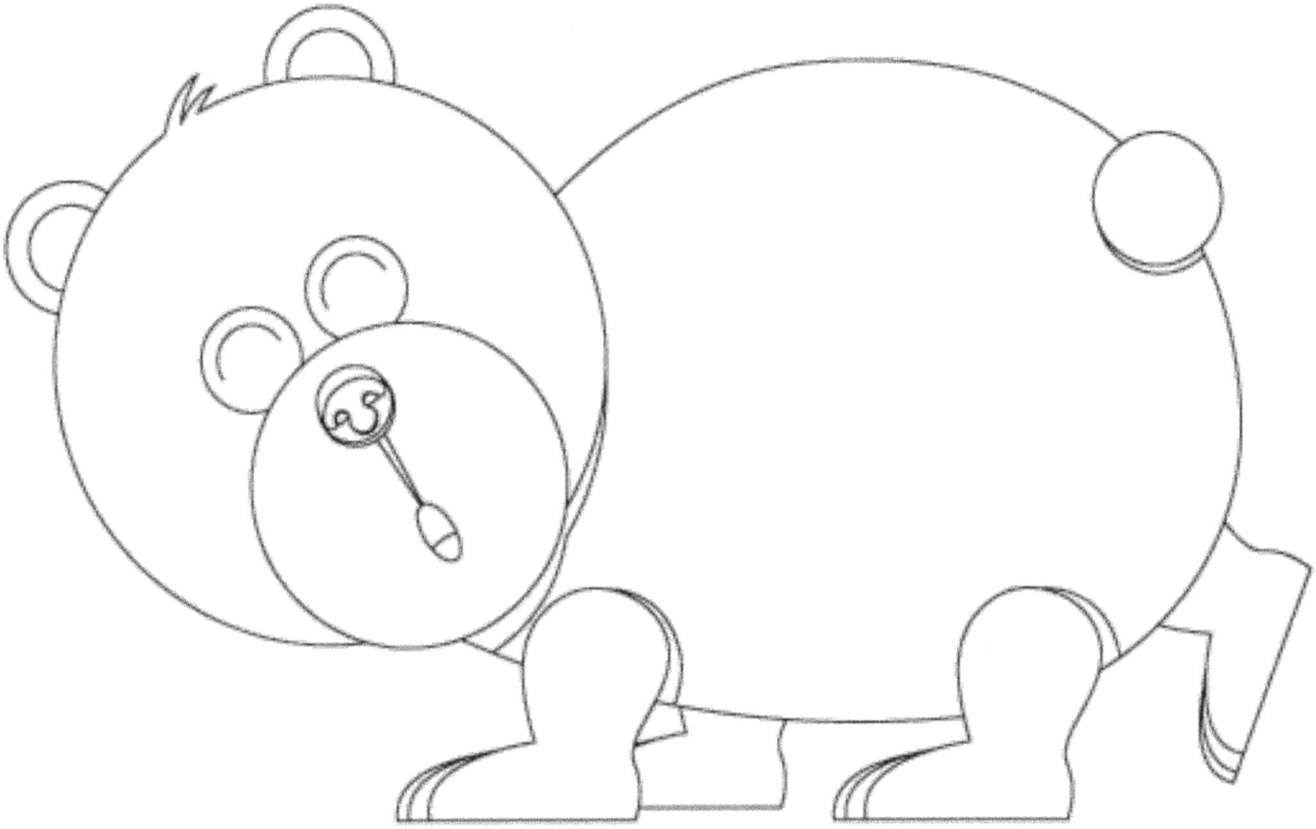

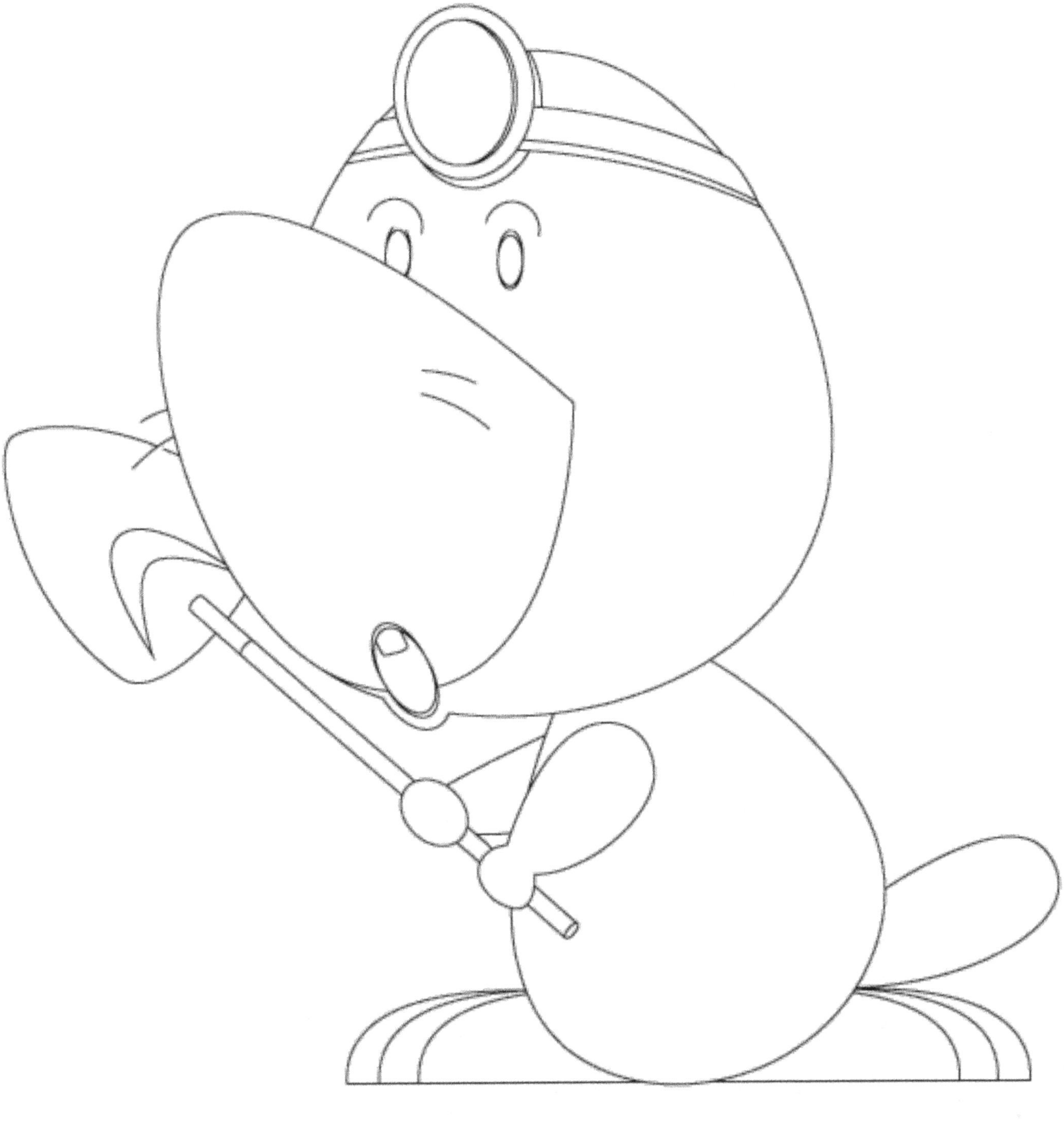

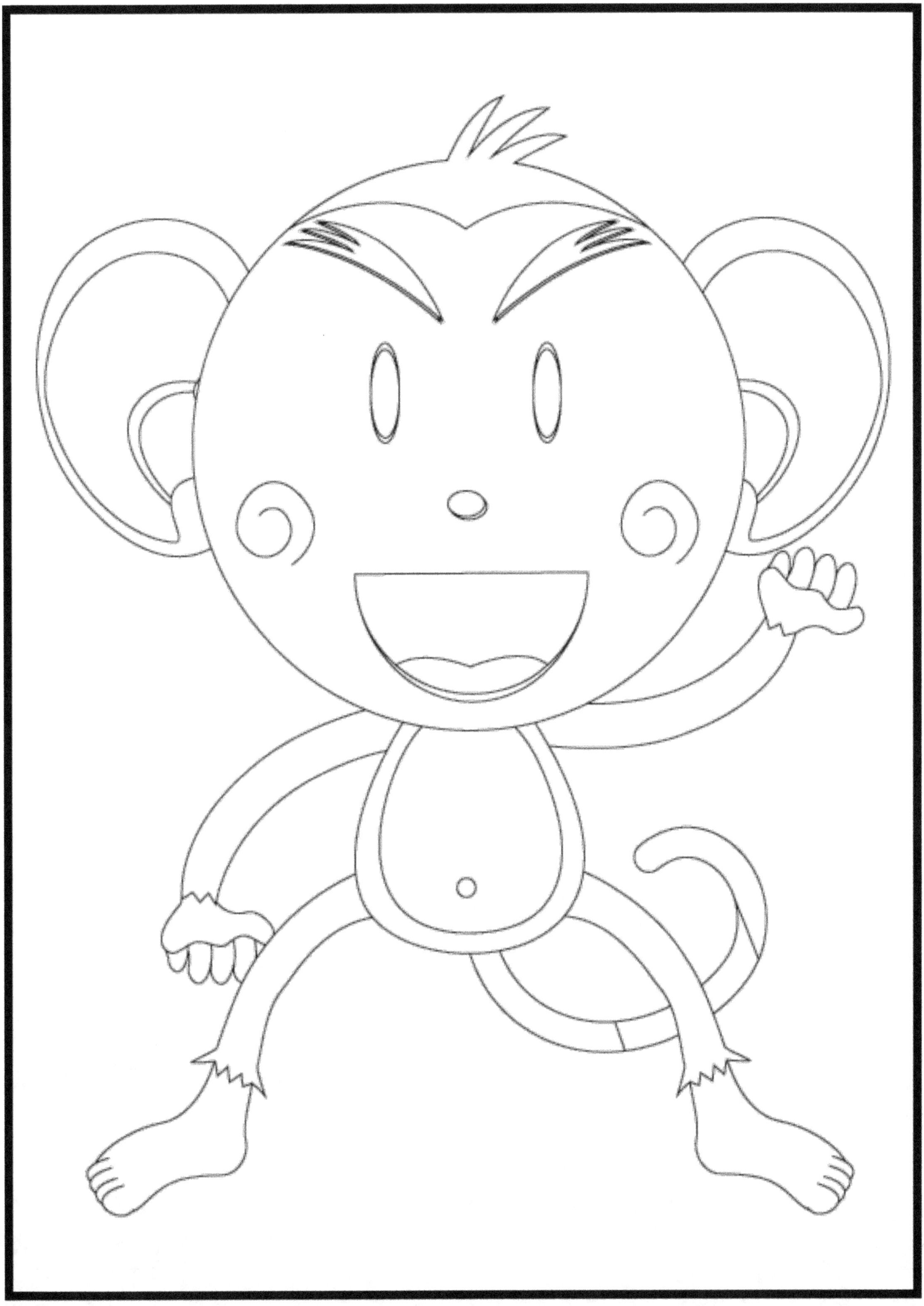

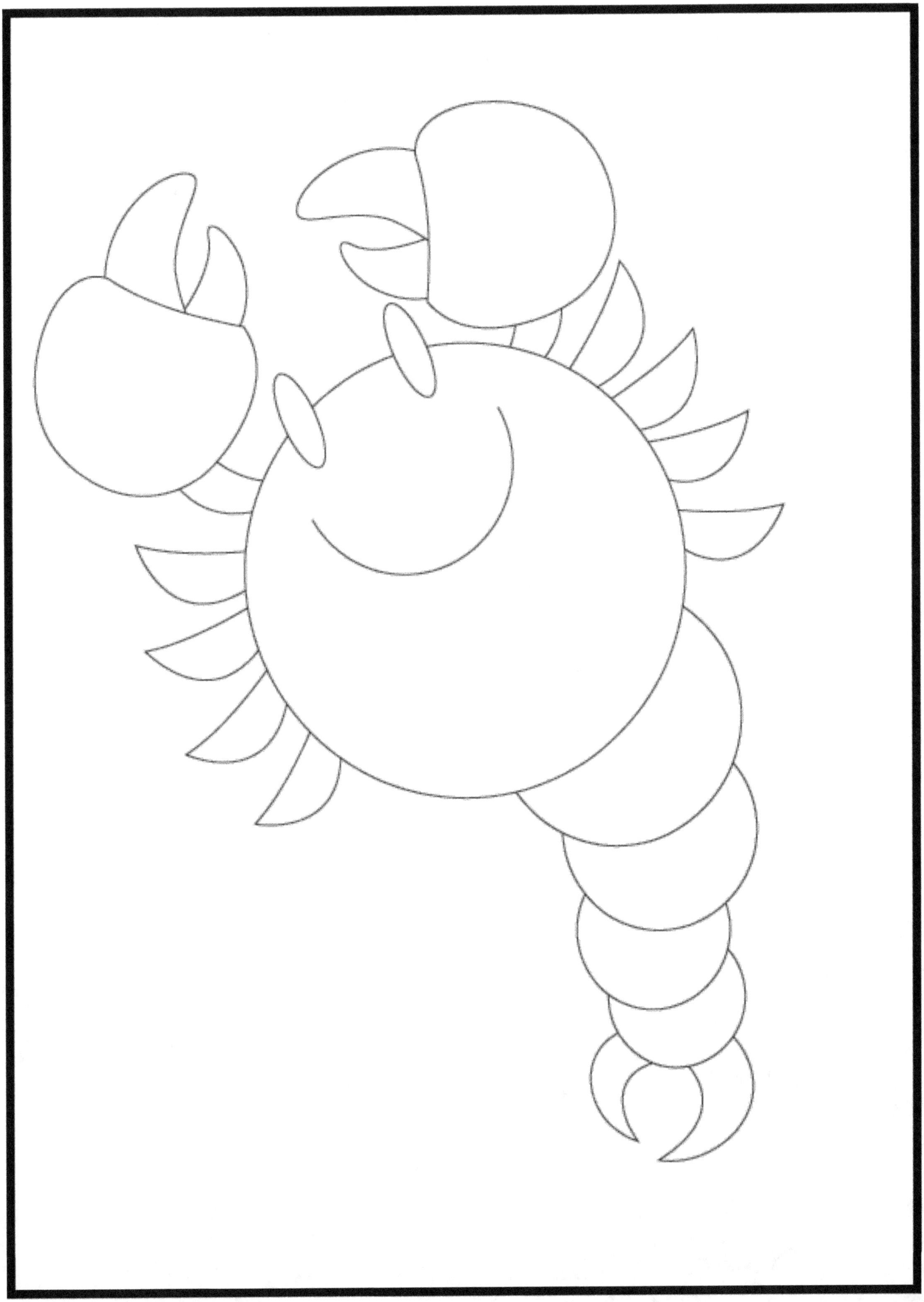

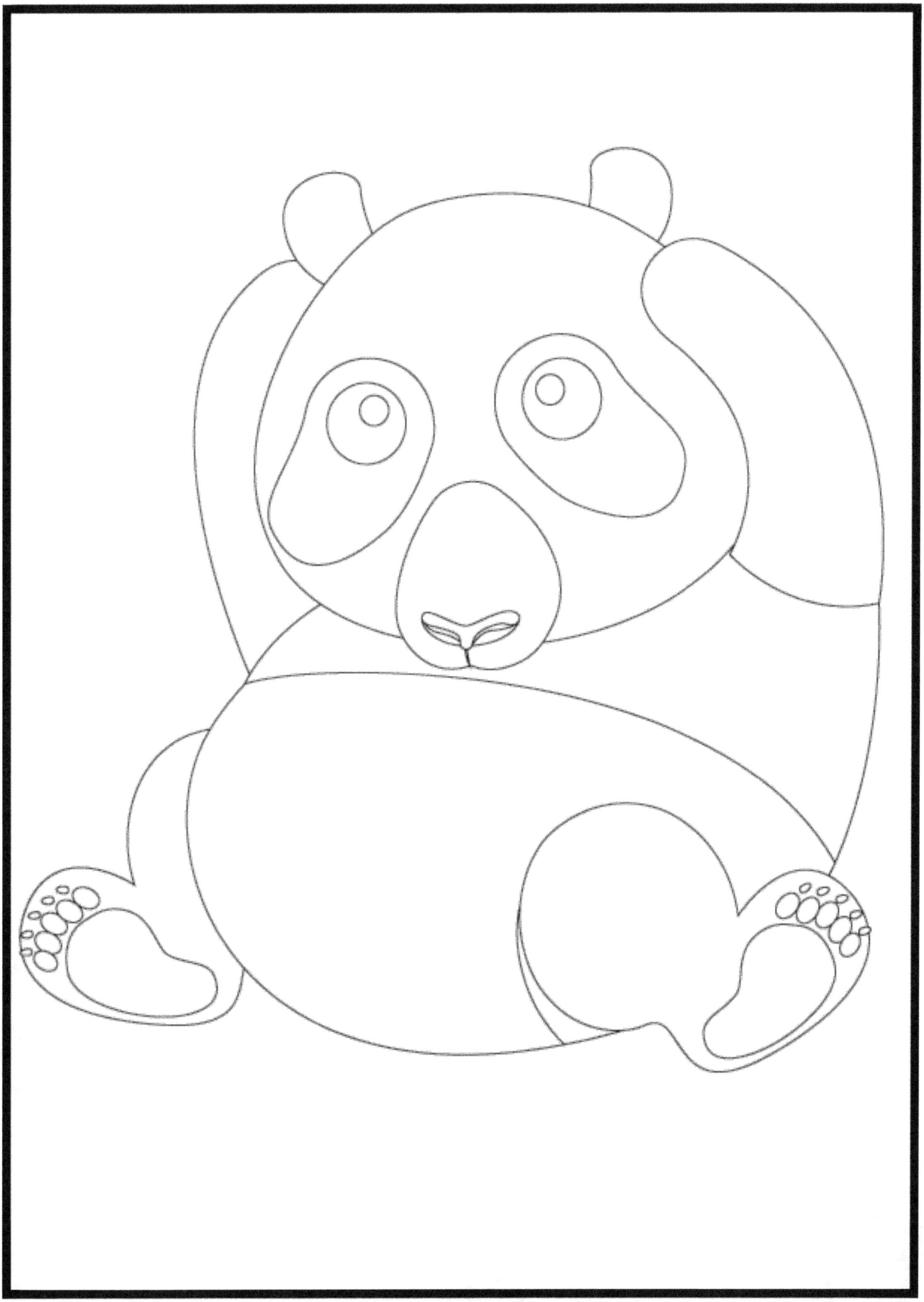

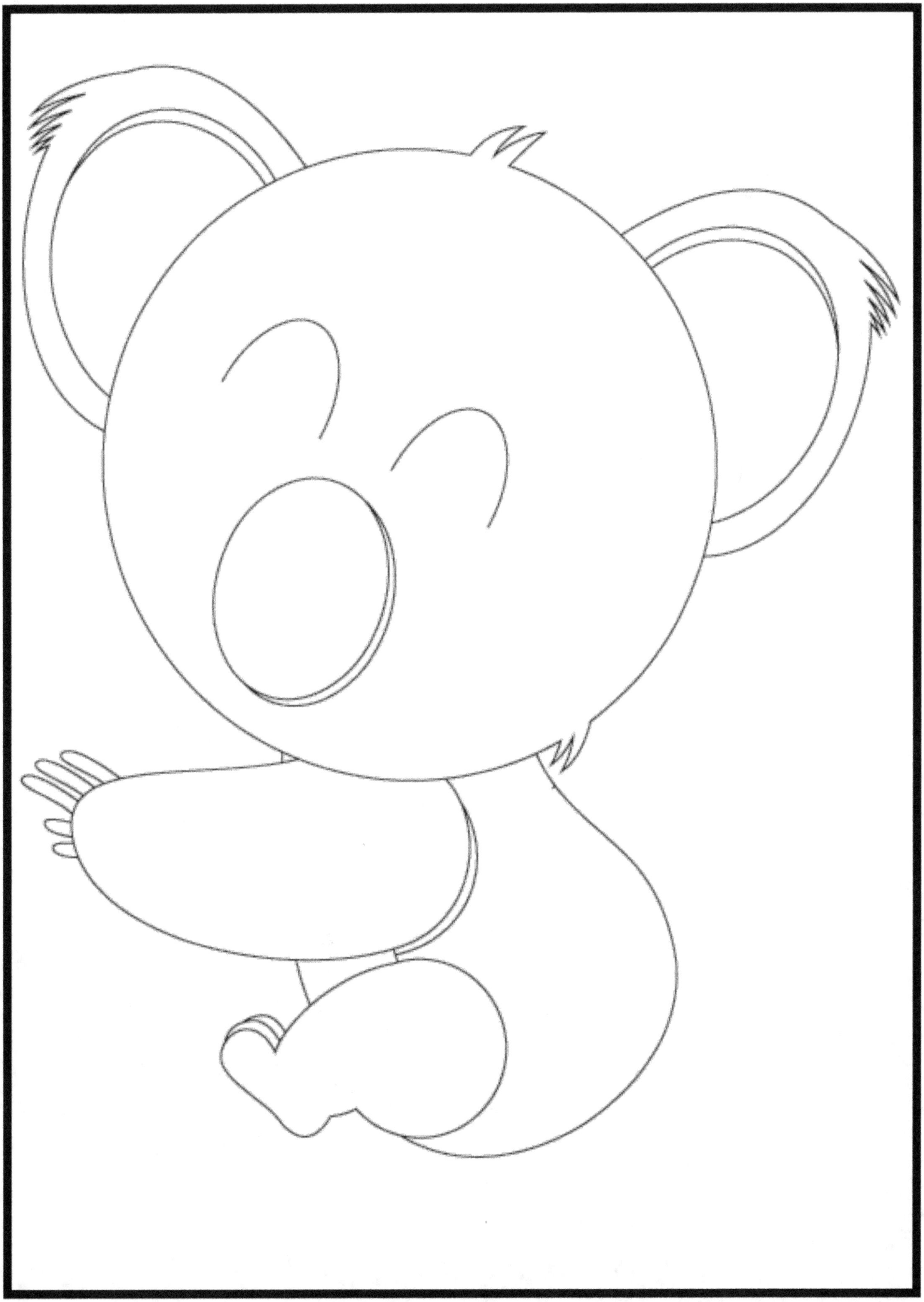

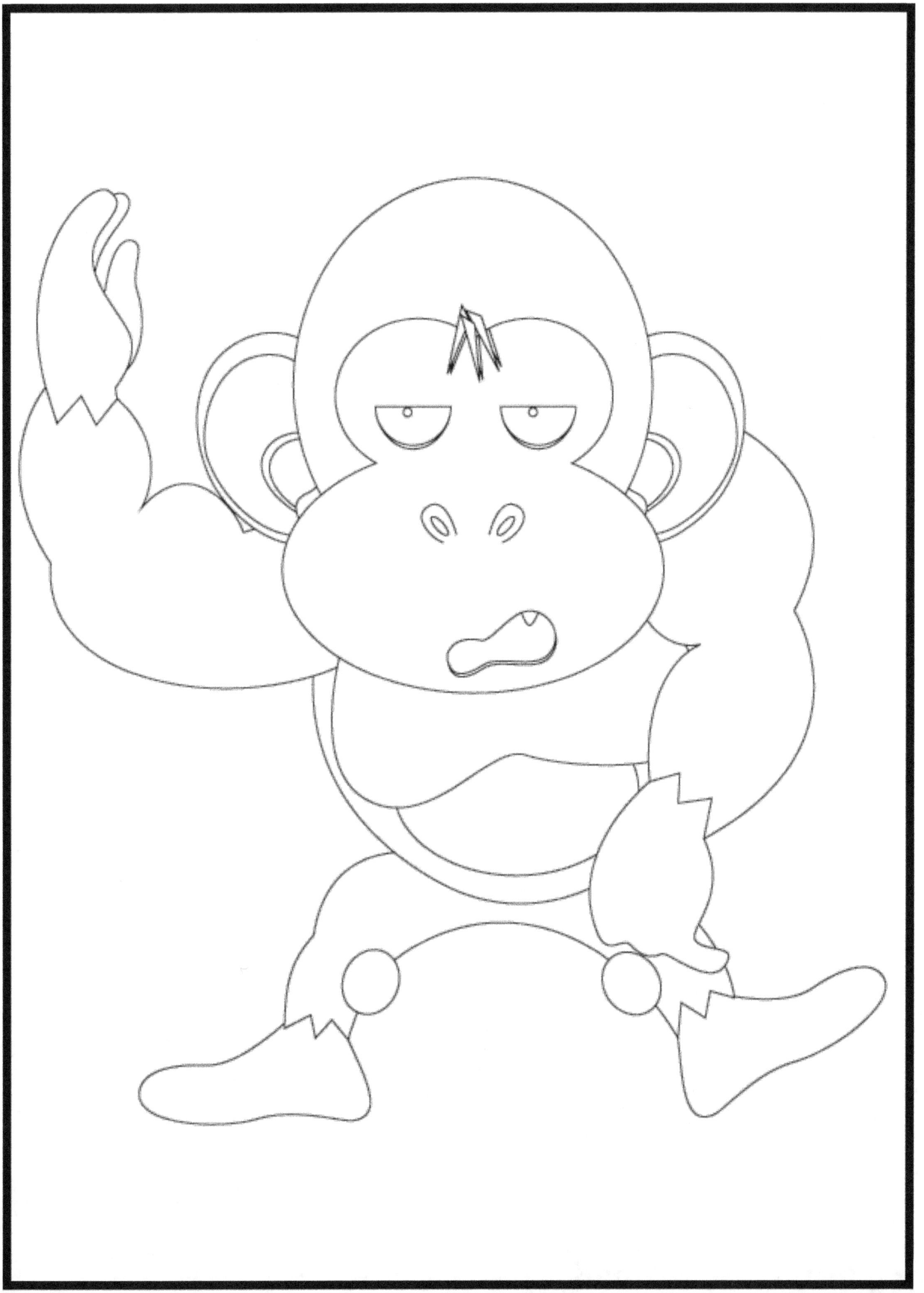

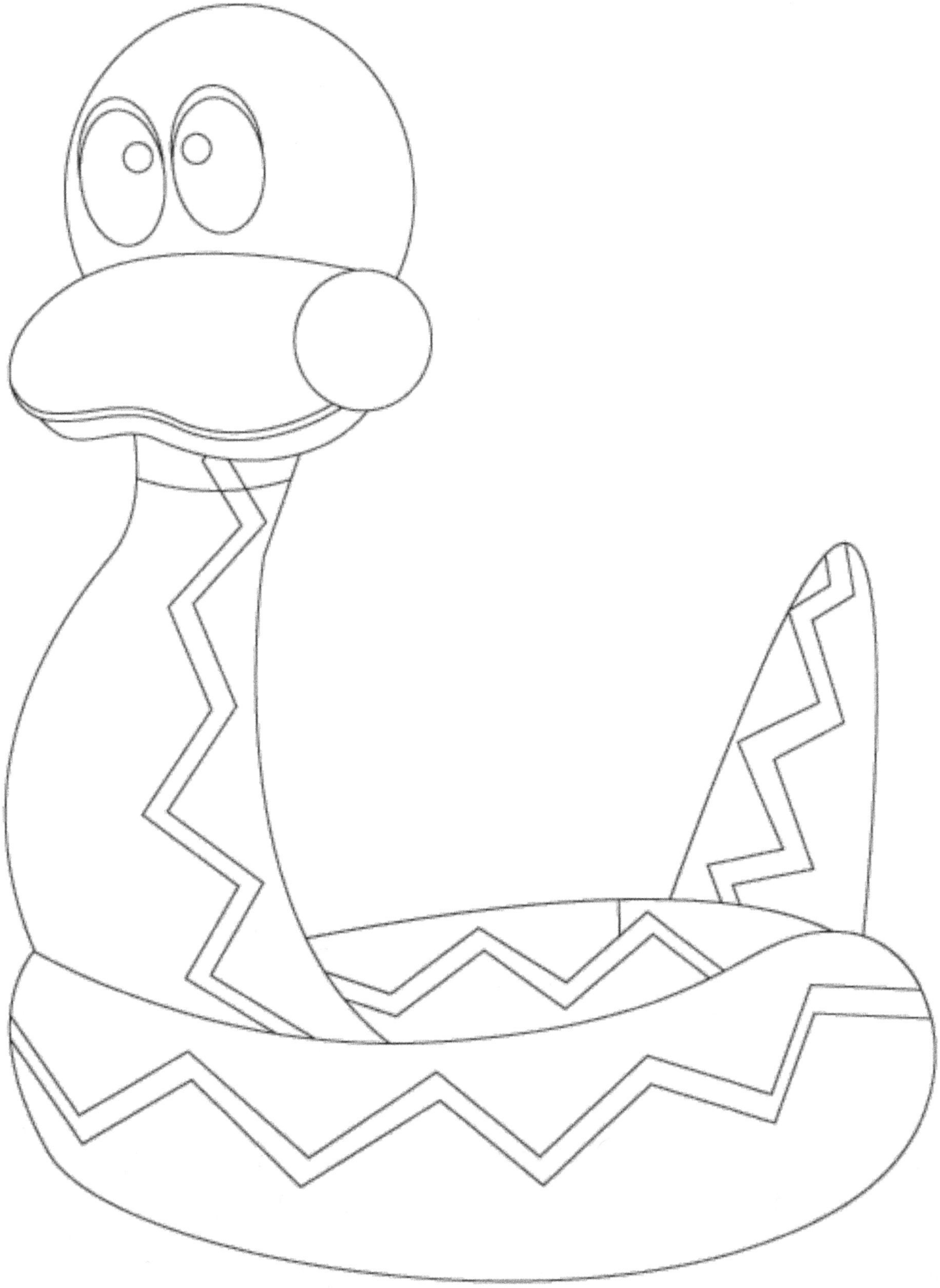

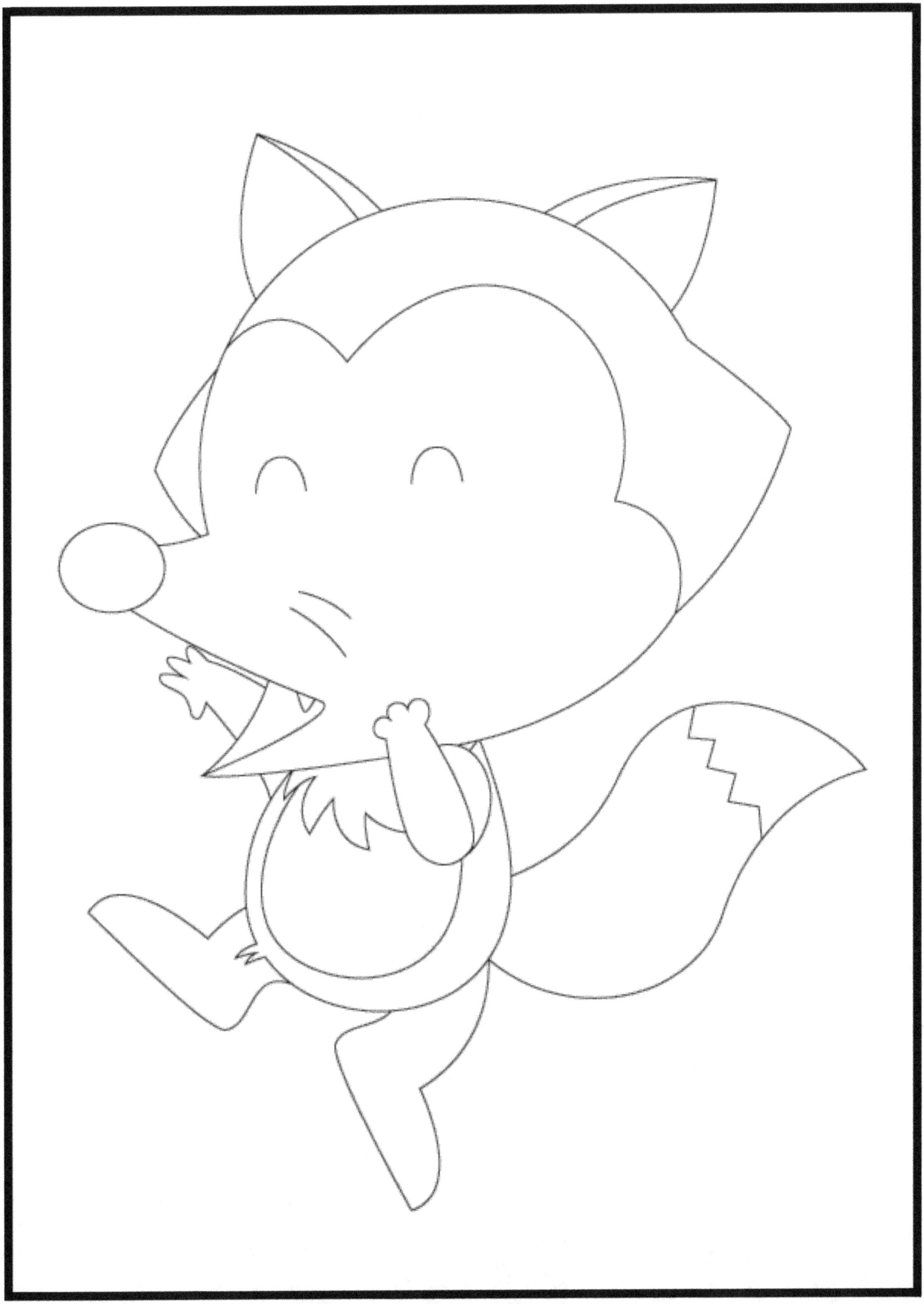

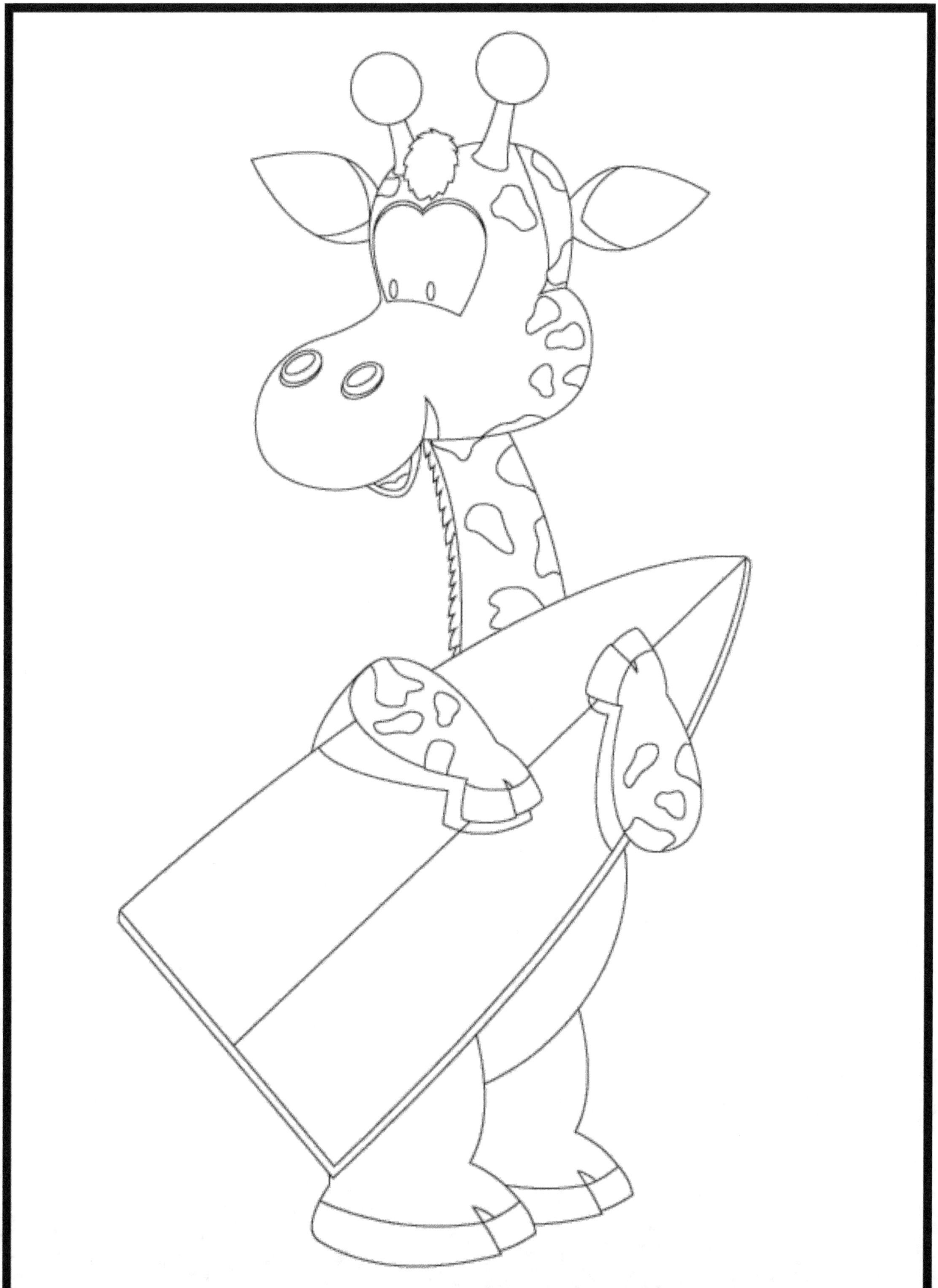

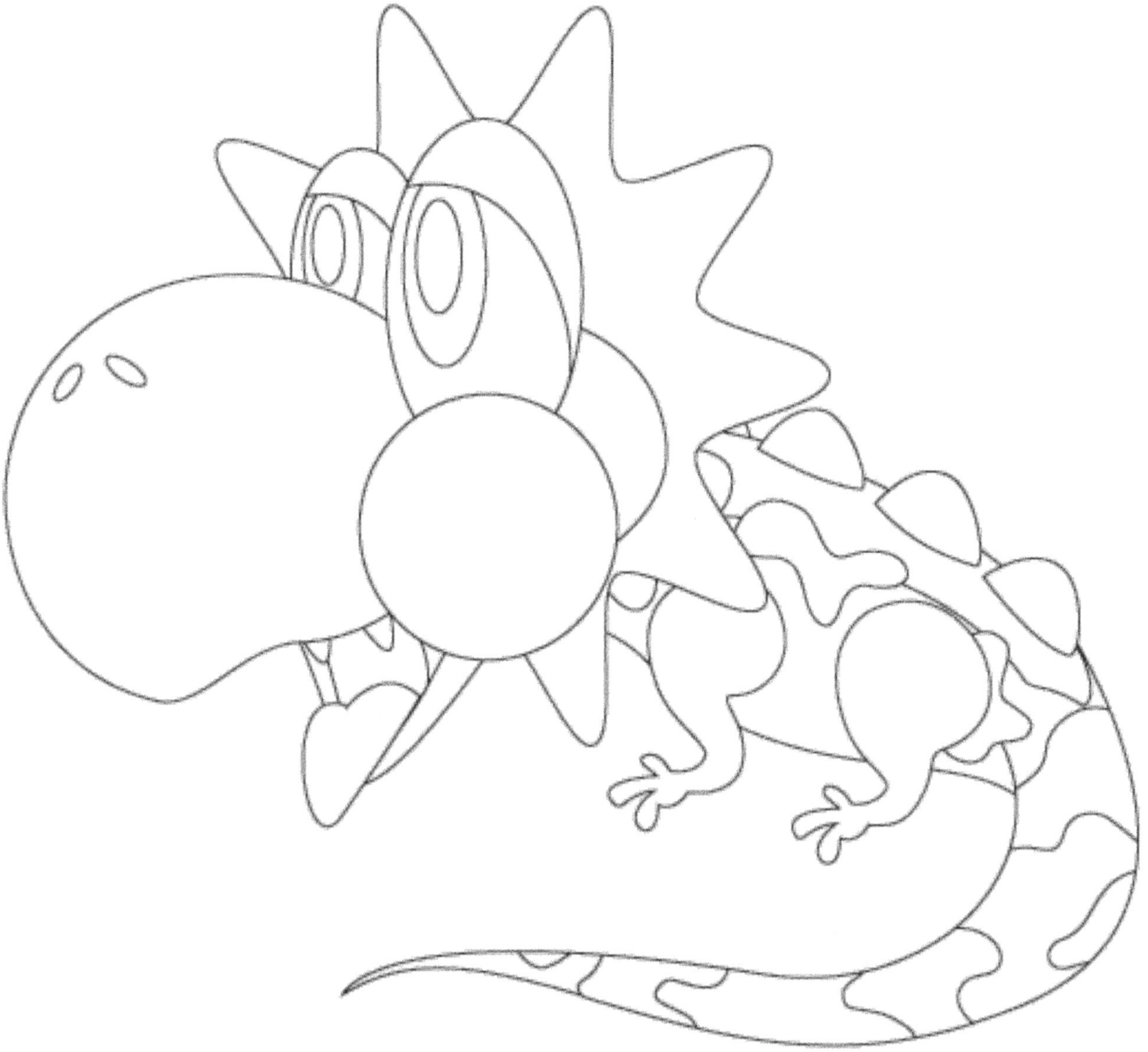

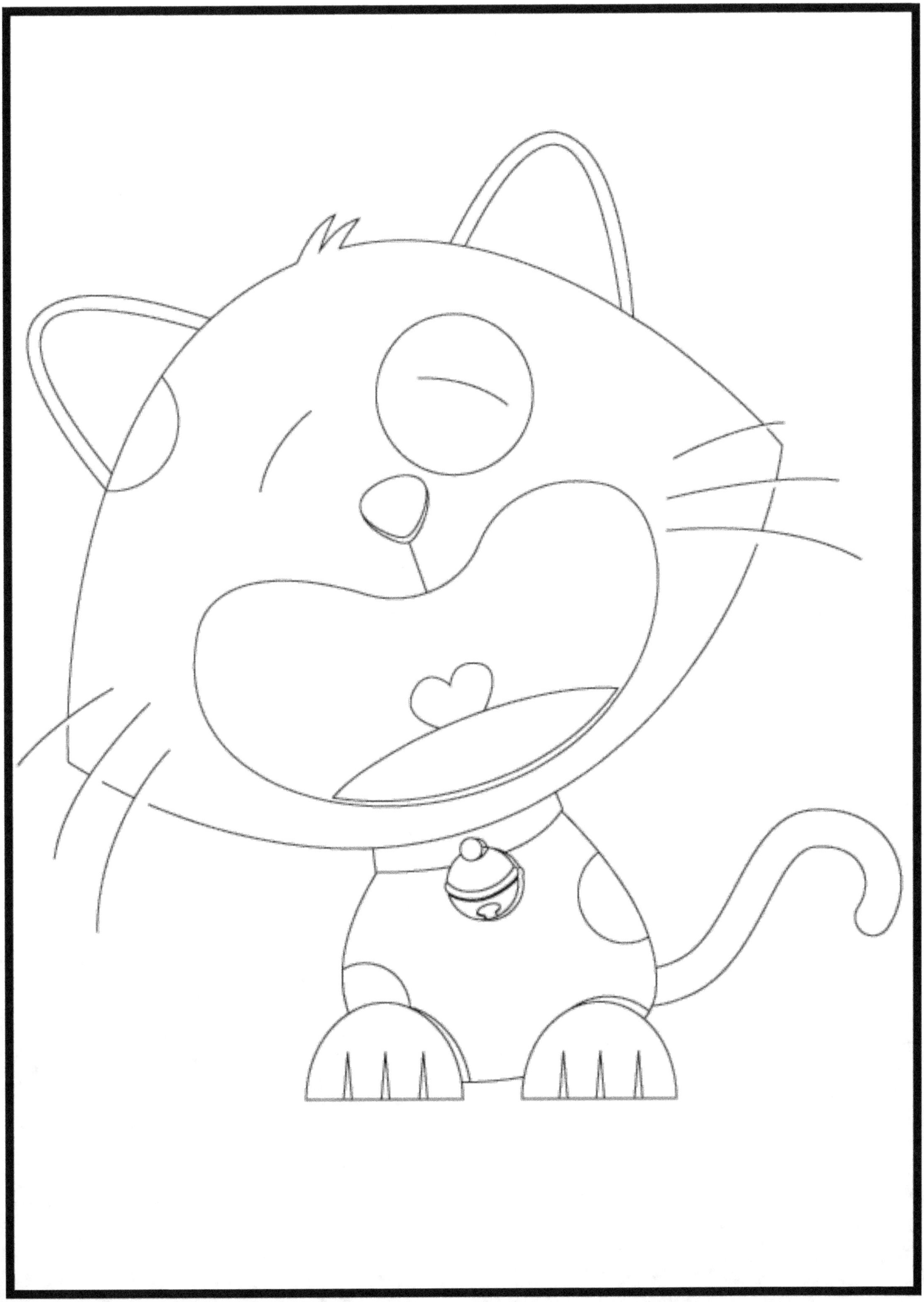

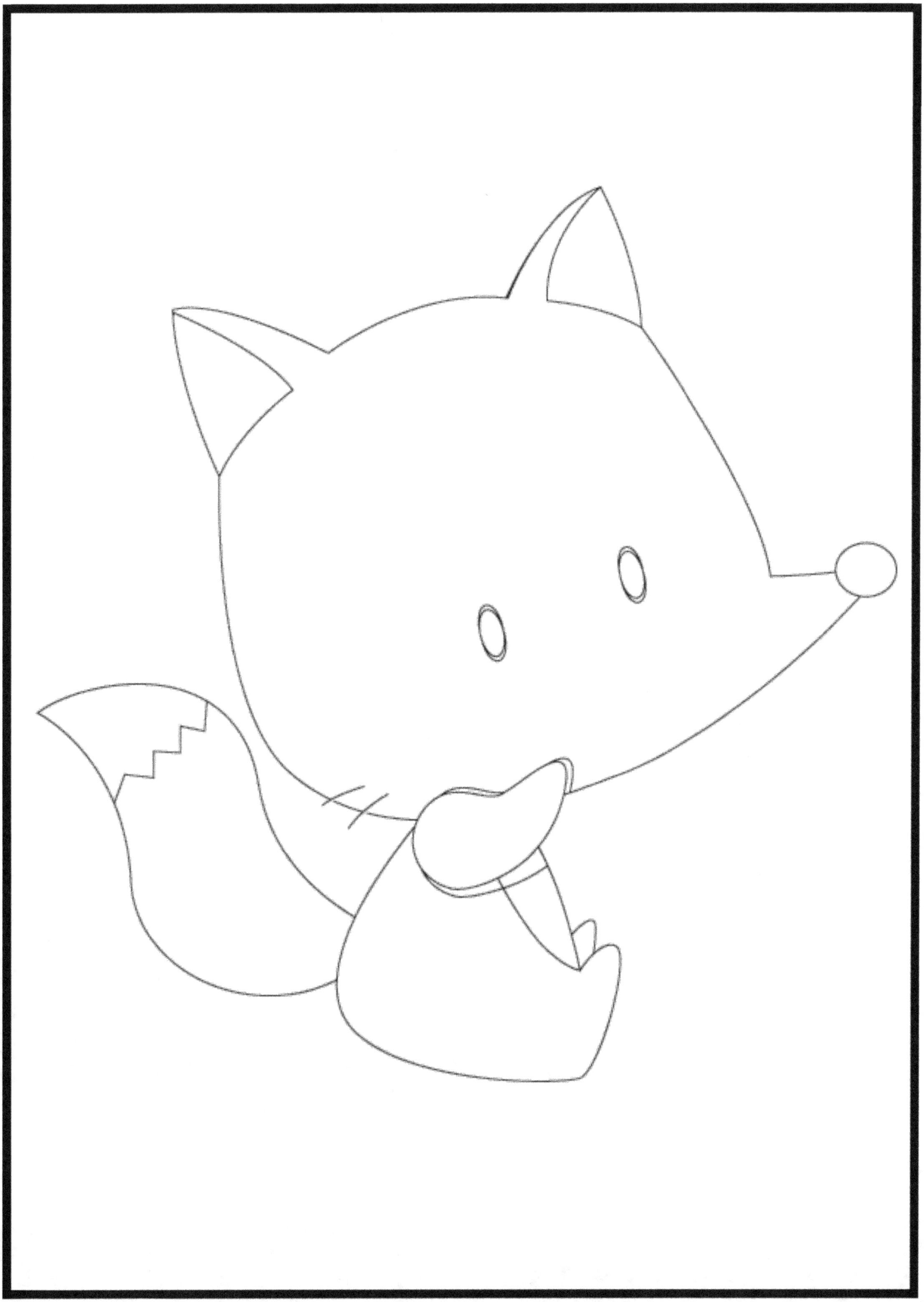

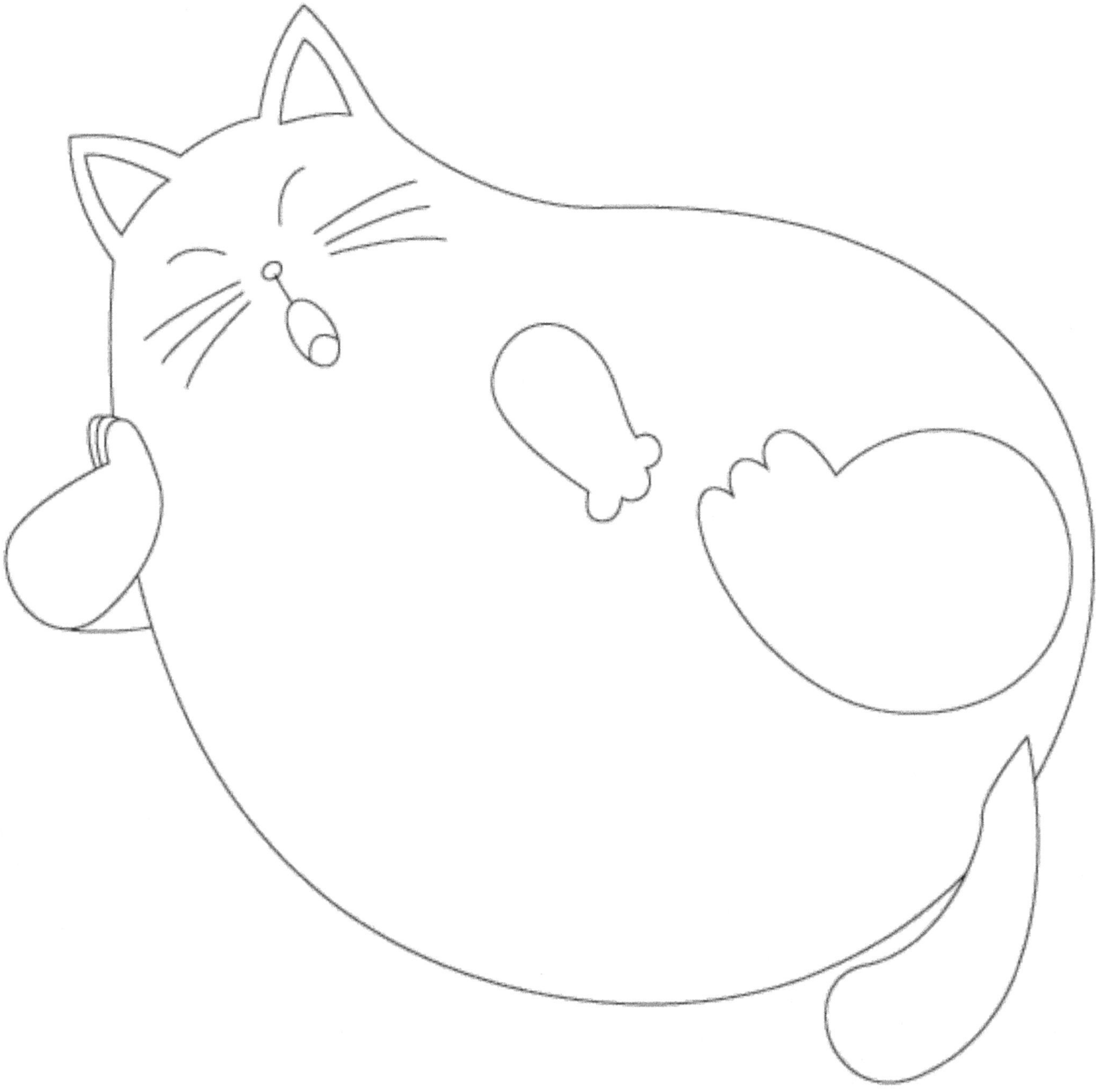

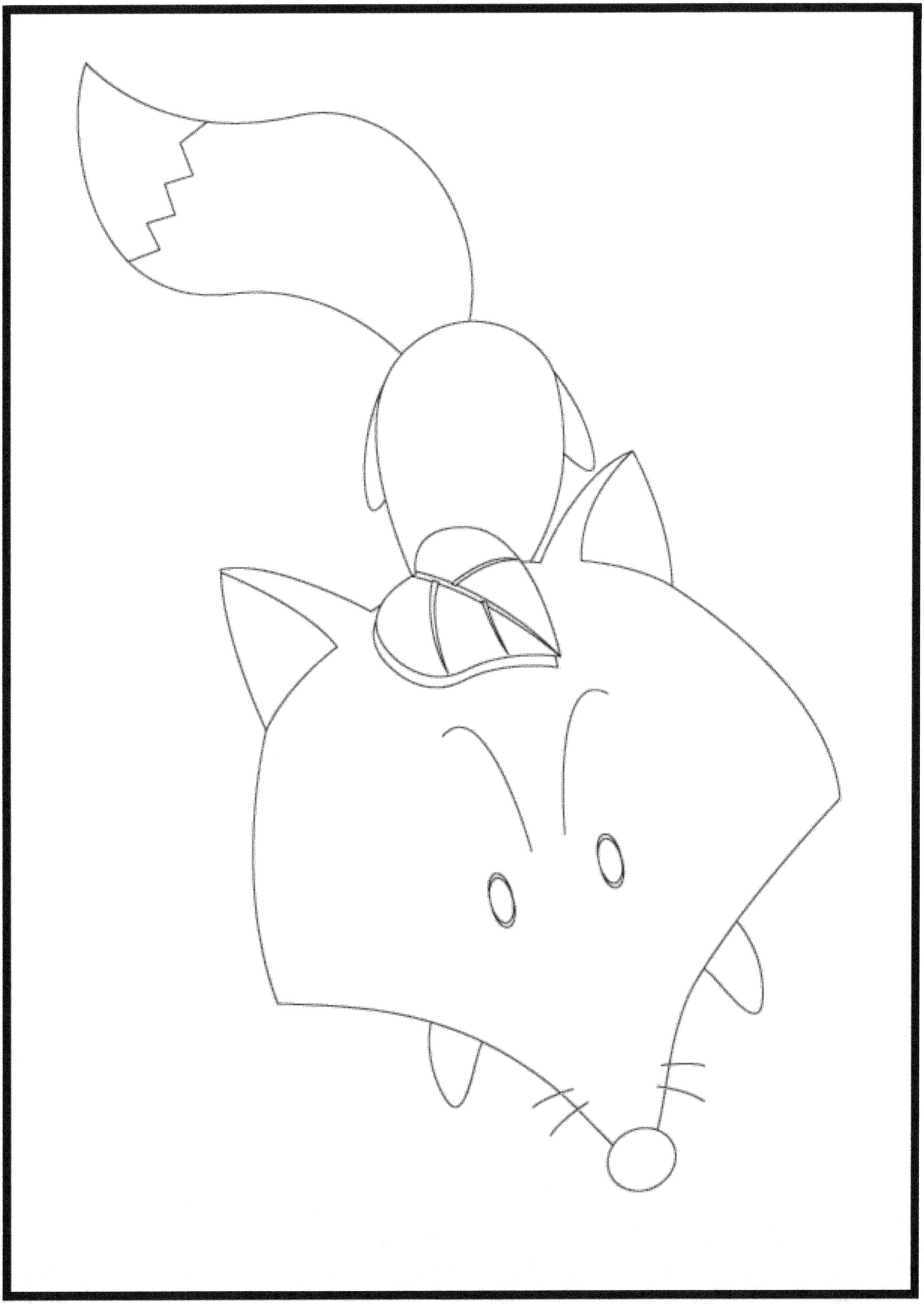

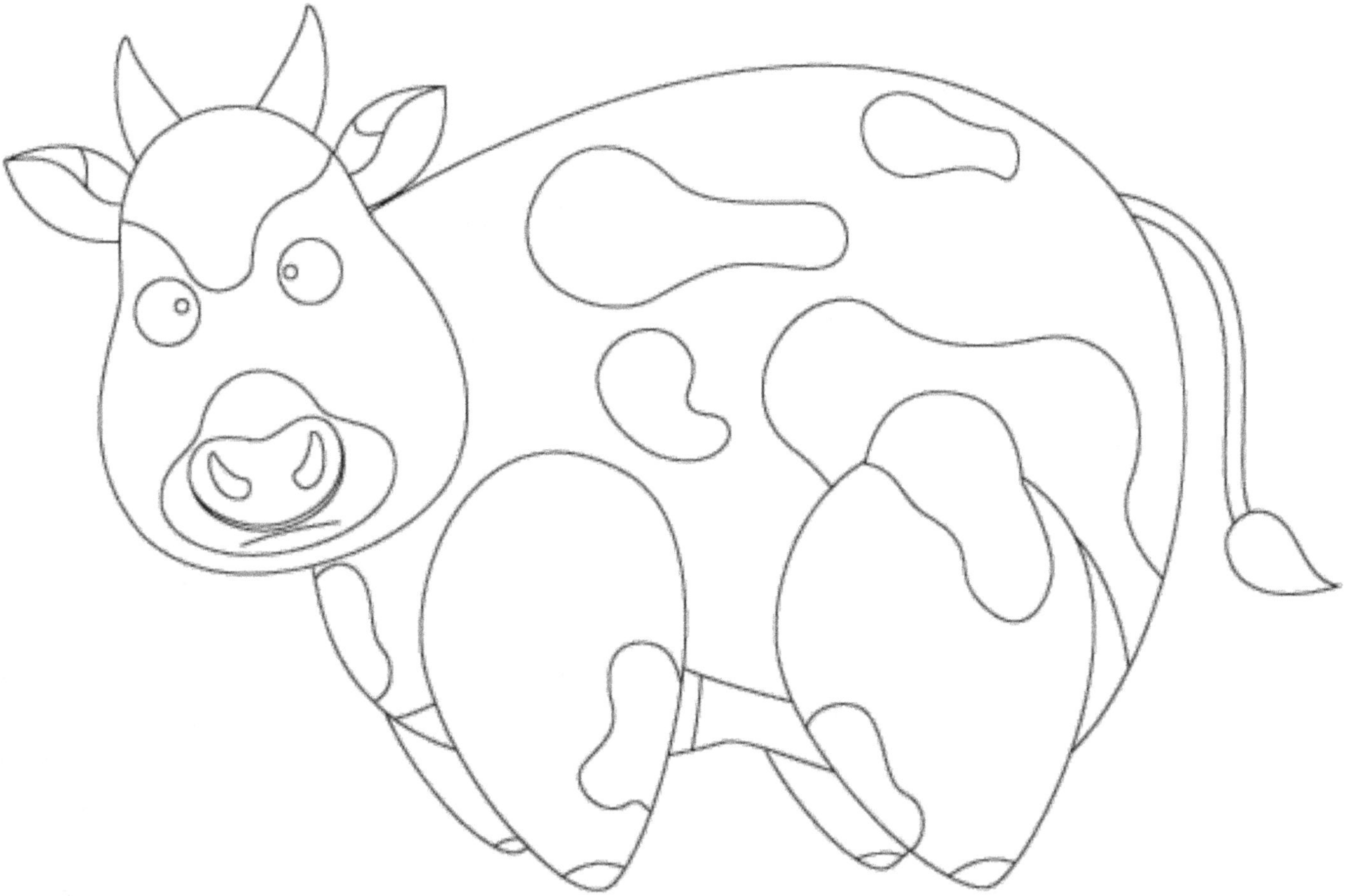

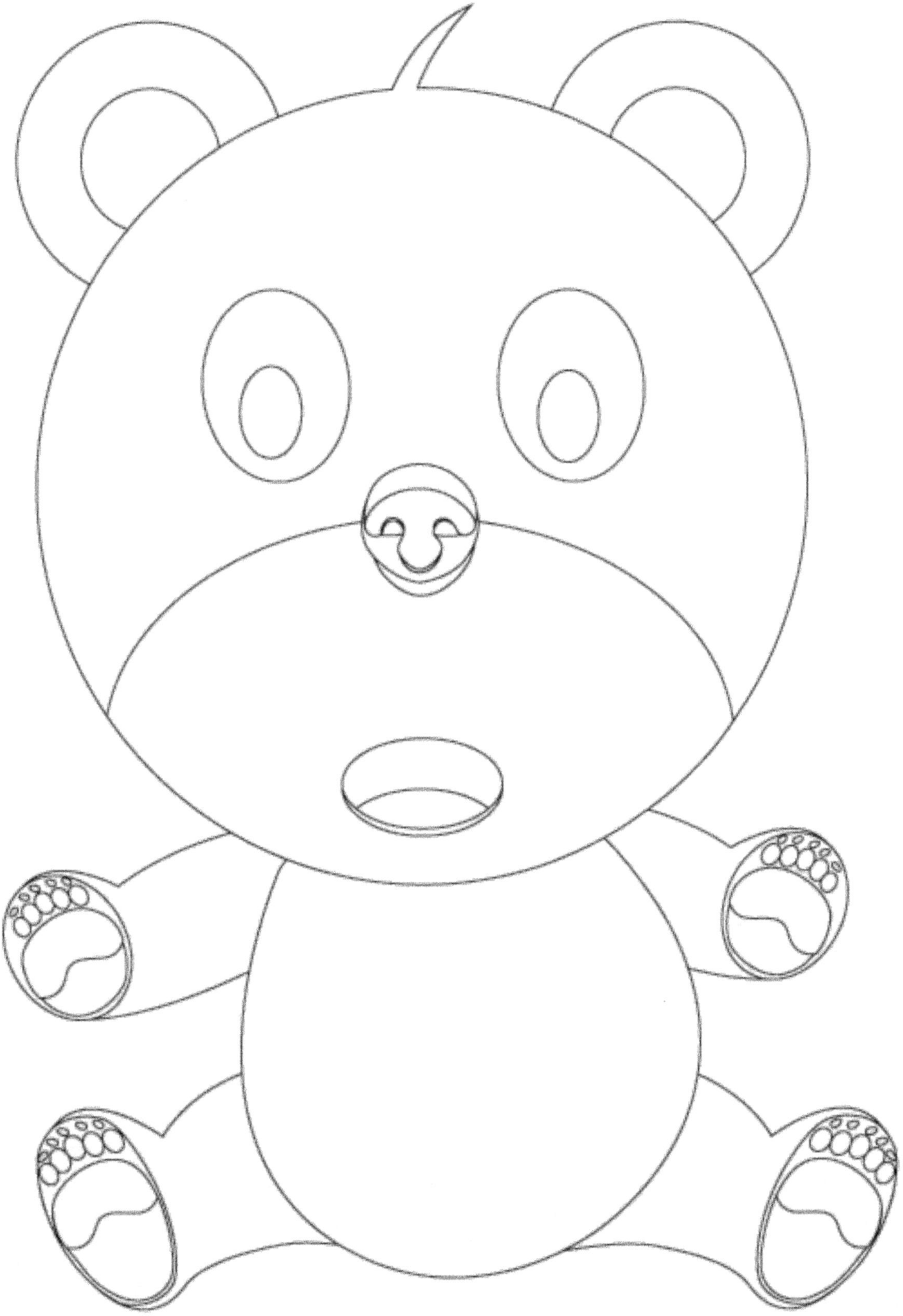

www.ingramcontent.com/pod-product-compliance
Lightning Source LLC
Chambersburg PA
CBHW080609220526
45466CB00010B/3291
* 9 7 9 8 5 1 8 3 8 5 5 9 7 *